元野村證券トップセールスが教える

伝説の営業術

津田 晃

プレジデント社

はじめに

大学を卒業し、野村證券に入社して、営業マンとして働き始めてしばらくたった頃の話です。ある先輩が、

「初めての土地で営業をする時は、ビルや展望台など、その地域で一番高いところに、まず上ることにしている」

と教えてくれたことがありました。

私もさっそく、先輩のスタイルを真似してみました。

確かに、住宅密集地や商業地、オフィス街がどこにあるかがハッキリとわかります。すると営業の道順がわかりやすくなるだけでなく、

「あの家は周りが畑だから、もし土地を売るようなことになれば、新しい投資先に興味を持ってくれるかもしれない」

「向こうのオフィス街は人通りが多いけれど、商店街には人が少ない。オフィス街優先で営業をかけよう」

など、イメージが次々と湧いてくるのです。高いところに上るという、ちょっとした視点の変更によって、地面を這いずり回っていては浮かばないような、大局的な営業戦略を立てることができることに気付きました。

それ以来、私は必ず新しい土地に着くと、そこで一番高い場所に、最初に出向くことにしています。

高いところに上って視点を変えてみると、今まで見えていなかったことに気付かされます。それだけではありません。今まで見えていなかったものの存在に気付くと、思いもよらないアイデアが浮かんでくるものなのです。

営業にとって、新たなアイデアを実行に移して、それがうまくいくことほど痛快なことはありません。私が営業という仕事を、喜びを持って続けることができた一つの要因は、このような快感があったからです。

もし、先輩から高いところに上る話を聞いていなかったら、どうだったでしょうか。新しい担当地区の駅に降り立ち、地図を片手に手当たり次第に飛び込み営業をかける。具体的なイメージもなければ大した提案もできず、当然成果もついてこないでしょう。

「営業なんてつまらない職種だ」

と思っても仕方ありません。


最近の若い人たちの間では、営業という仕事は人気があまりないようです。

厳しいノルマ、押し売りまがいの営業トーク、上司からのパワハラ……。

ブラックな職種の代表のように思われているのかもしれません。犯罪スレスレの企業に勤めることはまったく勧めませんが、営業という仕事すべてがブラックであると、私は考えていません。

お客様にとって魅力的な商品を紹介して購入していただき、その対価で会社が潤うのはビジネスの基本。その仲介をするのが営業ですから、営業こそビジネスマン中のビジネスマンだと確信しています。

若い人たちが営業はブラックな仕事だと誤解してしまうのは、自分の身の届く範囲のことしか見えていないこともあるのではないでしょうか。

そのような気持ちから、今回営業という仕事を、大きな視点で眺めてみることができる本を書こうと考えました。東京スカイツリーや、大阪のあべのハルカスとまでは言いませんが、営業マンとして20階建てのビルの屋上くらいには上ったという自信（過信？）はあります。

そのような私が見た風景を、読者の皆さんにも感じてもらえば、上司からの叱咤激励にもそれ相応の意味があることや、ノルマの真の意味などがわかっていただけるのではないでしょうか。

私が常々実践してきた習慣や体験、考え方などを図解を交えて紹介することで、皆さんに営業という仕事の楽しさや、素晴らしさを発見してもらえれば、これ以上の幸せはありません。

津田 晃

第1章

小さな習慣の積み重ねが大きな成果を生み出す

第2章

お客様をひきつける営業は、〝心構え〟と〝準備〟にある

第3章

お客様に「この人から買いたい」と思ってもらうコツ

第4章

結果を出す営業ほどツキを呼ぶ働き方をしている

第5章 お客様が途切れない営業が見えないところで続けていること

第6章

部下がどんどん成長するリーダーが心がけていること

第1章

小さな習慣の積み重ねが大きな成果を生み出す

営業の究極の目的は利益を上げること。そのために頭と体をフル回転させる

「営業」――。

当たり前のように耳にする言葉ですが、この言葉には、どのような意味があるのでしょうか。

辞書で調べてみると、「利益を目的として事業を行うこと」「収益を得る目的で継続的に業務を営むこと」とあります。

つまり、利益を得ることが、営業という仕事の第一の目的なのです。

言葉を換えれば、商品やサービスを本来の価値より少しでも高い値で売るために、努力する――それが営業という仕事の本質ではないでしょうか。

たとえて言えば、

「目の前にある〝1万円札〟を、1万円より高く売ってみる」

というのが、営業に求められる力なのです。

1万円札を売る？　いったい、どのようなことなのでしょうか？

一緒に考えてみましょう。

あなたが大勢の人でにぎわっている駅の出口で、「道行く人に1万円札を売ってくるように。売る値段は自分で考えて設定してよい」と言われたとします。仮に1万円札を９５００円で売ろうとすれば、飛ぶように売れるでしょう。

ところが値段を上げて、９９００円で売ろうとすると、売れ行きは落ちるはずです。

そして1万円札を1万円で売ろうとした途端、売り上げはパッタリ止まるでしょう。


1万円を1万円で売る。

実はここまでは営業という仕事ではありません。

「あなたは、1万円札を1万10円、1万１００円でどのように売りますか」という考え方が営業の仕事なのです。

目の前にあるものを、今よりも高い価値に変えて「利益」を得るのが営業の仕事にほかなりません。そのために知恵を絞って、体を動かして結果を出すのが営業の使命なのです。

たとえば、シワがついた紙幣にアイロンをかけて新札のようにしたら、もしかしたら1万30円で売れるかもしれません。新札が必要な人はおおむね結婚式などに向かう人でしょうから、ご祝儀袋を仕入れて、その中に新札を入れたら、1万500円くらいで買う人が現れるかもしれません。

このように、利益を得ようとすると、頭を使ったり、手間をかけたりしなければならなくなるのです。それが営業という仕事の厳しさであり、醍醐味でもあるのです。

「売れない商品を売るのか」と嘆くのではなく、「(手をかけなければ)売れない商品を、少しでも高く売るように努力を惜しまない」と頭を切り替える。

常日頃から売れない理由に目を向けるのではなく、いかに売るかという視点を持つ。このような日々の意識づけや、「利益のために、努力と工夫を重ねる」ということを、すべての営業は胸に刻んでおくべきだと私は確信しています。

営業とはサービスによって
お客様に満足してもらう仕事

1万円札のシワを
アイロンでのばして、
1万30円で売る。
ご祝儀袋にシワを
のばした1万円札を入れて、
1万500円で売る。
1万円札を1万円以上の値段で
売るためには、何らかのサービスを
考えなければならない。

メモの訂正に消しゴムは使わない。せっかくの〝周辺情報〟が消えてしまう

私はすべてのメモを鉛筆で取ります。

スケジュールも鉛筆で書き込むようにしています。

書き間違えたり、何か変更があったりした時に、消しゴムで消せるようにという意味で、鉛筆を使っているわけではありません。

数字や期日に変更があったら、二重線を引いて訂正し、新しい情報を書き込んでいくのが私の長年の習慣です。


なぜ消しゴムを使わないかと聞かれたら、ハッキリと答えることができます。

それは、「直したこと」も情報の一つとして残るからです。

訂正する箇所に二重線を引くと、その線の下に元の言葉が残ります。

たとえば、3年前に使っていた手帳を見返していて、「14時東京駅」というメモが二重線で消された横に、「17時新宿」と書き加えられていたら、「ああ、この頃は○○さんが新宿に転勤していたんだ」と、お客様の近況を思い出すかもしれません。

このような記憶を呼び覚ますだけでも、お客様との距離感を縮める材料の一つにすることができるのです。


二重線を引いて消す習慣は、金額に関するやり取りで非常に役に立ちました。

たとえばお客様の予算が、最初に「300万円」と聞いていたところ、250万円に変わったとします。

300万円を消しゴムで消して250万円と書き直せば、それは初めから250万円だったのと同じことになってしまいます。

しかし、二重線で訂正したそばに250万円と書き加えられていたら、「あ、そういえばあの方、思い切って50万円のテレビを買ったと言っていたな」といったエピソードを思い出すものなのです。

スケジュールの変更も同様です。

「あの日はお客様の先輩が入院されたと聞いて、アポイントを1週間後に変更していただいた」といったことが、パッと頭に浮かびやすいのです。すると話題に困らないだけでなく、不用意な失言なども防ぐことができます。

最近では、スマートフォンのメモ機能や、スケジュール機能を使っている人が増えてきました。スケジュールを入力すれば、アラームに連動できたりと便利な半面、貴重な「直したこと」という情報を残しにくいのでは、と危惧しています。

メモやスケジュール帳の使い方は人それぞれなので否定はしませんが、私はこれからも、メモ帳に鉛筆派でいくつもりです。

お客様と会う前の電車やバスの中でメモを見るだけで、前回、前々回にお会いした時の話のディテールが蘇ってくるのは、便利なだけでなく楽しいものです。メモ帳から次々と思い出される小さなエピソードからトークの段取りを考えたり、お礼やお詫びの言葉をイメージしておくと、お客様に会うことが待ち遠しくなってくるのです。

営業トークを考えることに苦痛を感じる理由の一つに、「何を話していいかわからない」ということがあります。

これは、自社の商品やサービス、業界の情報をきちんと仕入れていないのが原因です。しかしいくら下調べして情報を丸暗記しても、それだけでは「あなたと取引をしたい」とお客様に思わせるには足りないことも多いでしょう。

そこで決め手になるのが、お客様に対するあなたの思いです。

たとえば前回お会いした時の詳細な情報は、お客様との絆をつくる糸口になります。「あの時はどうも。○○は××で……」という話をするのとしないのとでは、相手が感じてくれる親近感や信頼感が大きく変わってきます。それだけでなく、自分自身がお客様に感じる親愛の情にも大きな差が出ます。

私が消しゴムを使わずに、変更前のメモを二重線で訂正するのは、お客様と会う前によい準備ができるから。メモに残された書き損じや書き直しが、記憶を呼び覚まし、会話のネタを提供してくれるのです。
小さい記憶を大切にして、たくさん共有すればお客様に好印象を与えることができます。

メモを変更した履歴を残しておくと
お客様に伝えられる情報が多くなる

「なぜ、変更になったのか」という情報は、
話のキッカケとなるだけでなく、
お客様のことを気にかけているという
アピールにもつながる。

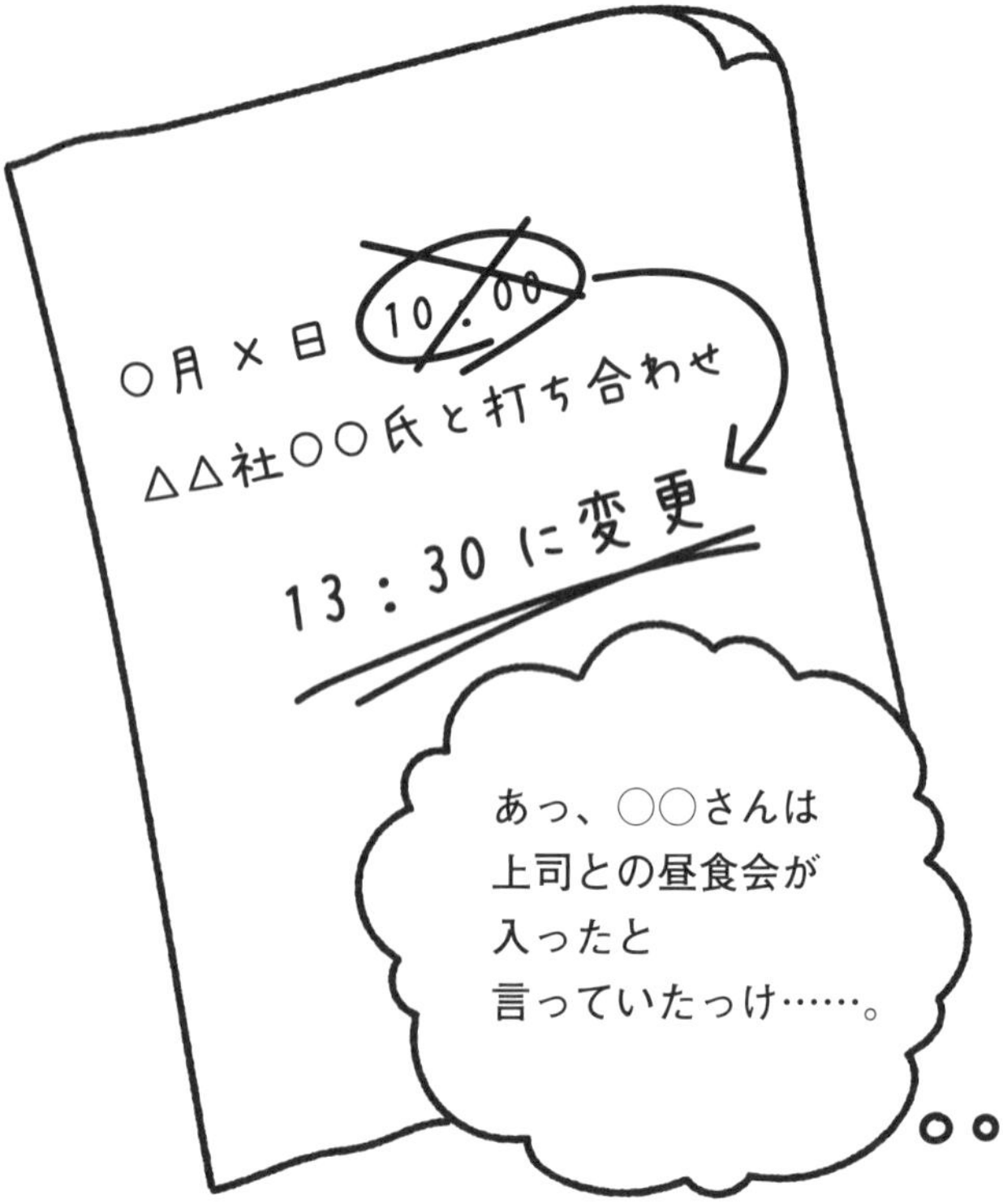

どんなに忙しくても必ずメモを取る

忙しい時や、どんどん仕事が舞い込んでくる時ほど、大失敗の影が忍び寄っているのが仕事の怖いところです。

たとえば商談が重なって、大切なお客様との面会の約束や、商談の内容が頭の中から抜け落ちてしまうようなケースもあります。人間の記憶できる量には限度があり、しかもその限度をオーバーしても、なかなか自分では気付くことができません。

多忙になると、ふだんなら決して忘れないようなことも、忘れてしまうことがあると意識しておくべきです。

だからこそ、メモを取る習慣をおろそかにしてはいけません。

むしろ、忙しくてメモを取る時間も惜しい時ほど、メモは取るべきなのです。頭は忘れてしまっても、メモは決して忘れないからです。

もう一つ、忙しい時に私が重要視しているのが仕事の手順です。多忙のあまり、仕事の工程を一つ二つ省略したり、雑に終わらせようとしたりすると、必ずと言っていいほど大きなミスにつながります。

特に「結果を出しているからいいだろう」と報告・連絡・相談、いわゆる〝報連相〟を怠ってしまう人は要注意です。

このような心構えの人は、トラブルが発生した時に、周囲の人から助けてもらえなくなります。

仕事が立て込んでいる時ほど、面倒くさがらずに上司との連絡を密にしておくべきです。そうすれば、たとえミスしてしまったとしても上司がリカバリーのための手を打ってくれることもあるでしょう。

仕事の進捗状況をしっかり上司に伝えておけば、仮に病気や怪我でダウンした時も仕事を引き継いでもらえたり、関係各所に連絡を入れてもらえたりと、フォローをしてもらうことで、仕事に支障をきたす可能性を減らすことになるでしょう。

もちろん、ミスしないことが一番大切です。メモを取り、そのメモを確認しながら一つ一つの仕事を丁寧に進めていくことは基本中の基本です。

昭和の営業マンである私などは、たとえ酒席で泥酔していても、取引の数字をお客様が口に出したら、「ちょっとお手洗いに……」とトイレに駆け込んだものでした。そして、ドアを閉めるやメモを取り出してその数字を書き込む。

酔っぱらった自分の脳は信用できなくても、その時、メモに書き込んだ数字には自信がありました。トイレに入るまでは絶対に忘れないぞと数字をつぶやきながら歩いていたからです。

常に「自分は忘れたりミスをする」と思って、メモを取ることを習慣にする。メモによって、あらかじめミスを回避する対策をすることができます。

それが失敗を最小限にするコツなのです。

メールに頼る営業は
やがてAIに淘汰される

オックスフォード大学のオズボーン准教授の研究によると、将来AIによって淘汰《とうた》される職業の1位が販売員で、4位がセールスマンなのだそうです。

販売員はPOSの進化やネット通販の普及、ロボット販売員の出現などによって大きく減るのかもしれませんが、日本では営業マンとほとんど同義のセールスマンが上位に入るとは考えてもみませんでした。しかし一方では、「最近の営業マンの仕事ぶりを見ていると、それもやむを得ないのかな」とも思えます。

というのも、最近の営業マンは、AIやITに取って代わられても仕方のない仕事の進め方を平然と行っているからなのです。

近年、訪問での販売や勧誘は激減しましたが、それに反比例するように電話でのセールスが増えてきました。ＡＩによる自動会話が当たり前になれば、遅かれ早かれ彼らは不要になってしまいます。

ほかの業種でも、ＡＩやＩＴの発展によって、仕事のやり方が変わってきています。


一番顕著なのはメールです。

私のところにも仕事の依頼がメールで来るケースが増えましたが、「これじゃいかんだろ」と思ってしまうことも少なくありません。メールで返事を出すのですが、何か足りない気がして電話機に手を伸ばし、「先ほどメールでお返事した件ですが……」と一報を入れることが多いのです。

メールを送るのに合わせて、電話を一本かけるだけで、得られる情報量が格段に増えます。「メールを読んでくれたかどうかの確認」「送ったメールに対する感情」「お客様の近況」……メールを送りっぱなしにするのと比べれば雲泥の差です。電話をかけることによって、新たな条件の提示や、お客様の希望とこちらの要望のすり合わせをすることも可能です。このような微妙なやり取りは電話ならではです。

もちろん、基本的にメールでの連絡を好むお客様も多いでしょう。外交などの移動の多い職種の人や、本来の業務が電話を多用するため、仕事中は電話を空けておきたい人の場合などは、メール中心のやり取りのほうがストレスを感じさせないケースもあります。

電話と違って文面が残るという点にメリットを感じている人もいれば、性格的に電話を好まない人もいます。

できるだけ1回目の面会で、「連絡はお電話でかまいませんか?」「お電話してご都合の悪い時間帯はありますか?」と、事前にリサーチしておきましょう。

その時の相手の返答や態度を見て、電話をかけるか、メール中心の連絡にとどめるかを判断してください。


メールより電話。電話より面会。

確かに職種によってはメールを中心に仕事を進めるほうが効率よく成果を上げられることもあるでしょう。しかし私は、営業にとって電話でのコミュニケーションは大きな武器になると信じています。

お客様の希望に即応するセールスなら、AIなどにはまだまだ負けないはずです。

メールを送るのに加えて、電話を一本かけるだけで、細やかなコミュニケーションが可能になる

メールだけでなく、メールと電話で連絡する

さらに、電話よりも直接会うほうがお客様の心をつかみやすい

何時の電車で降りるのかを伝えたらお客様は必ずその時刻に待っている

ビジネス書によっては、時間管理の項に
「待ち合わせの時刻はあえて半端な時間を設定しなさい」

と書いてあるものもあります。

14時と、キリのいい時間にするのではなく、「13時57分」「14時6分」といった時刻を指定するとお客様の印象に深く残るので、相手が遅刻しにくくなる、という狙いのようです。

私自身、細かい時刻をお客様に伝えることは多いのですが、相手の印象に残すためにそうしているわけではありません。

スケジュールを組む時に、何時発の電車に乗って、何時に最寄り駅に着いて、その何分後に先方に伺うかまで決めています。そのため、結果的に半端な時刻を待ち合わせ時間に提案することになってしまうのです。

約束の時刻に遅れると、自分の組んだスケジュールが崩れてしまいます。ですから、スケジュールを組んでアポイントをいただいた段階で、失礼のない範囲で相手の方をコントロールすることにしています。

その一例が「13時47分着の電車に乗りますので、御社には8分後の13時55分に伺います」とアポを取り、当日は「これから予定通り47分着の電車に乗りますのでよろしくお願いいたします」と一報を入れるのです。

先方は分刻みの私のスケジュールを考慮して時間を調整してくれますし、直前の一報を入れることで不測の事態があっても無駄足を踏むことがありません。

ここまで伝えれば、お客様に「ぜひ会いたい」という気持ちが伝わります。たとえ短い時間でも、濃密な商談ができる可能性も高まるのです。

最初に会う時に手の内を全部見せてはダメ

私は初めての方にお会いする時に、伝えたい内容をあえて7割程度にとどめておくことを心がけていました。

最初から張り切って、すべての売り文句を並べ立ててしまったら、次に会う口実がなくなってしまうからです。

営業が下手な人は、初回のトークで頑張りすぎる傾向があります。

「営業に自信がない」という意識があるので、かえって多くを語ろうとしてしまうのです。

「このお客様は興味を持っている」と見ると、畳みかけるように言葉を並べていきます。

その時、買ってくれればいいのですが、もしそこで「ノー」と言われてしまったら、そこまで。次に会う糸口がなくなってしまいます。

次に会うための「のりしろ」を残しておく

1回の面会で
すべて出し尽くす
当社の製品は……。
価格は○○、
納期は○○です。
説明し尽くすと、
その場で断られてしまう。
今は結構です。
1回目は問診と
割り切る
お客様が今、
ご不満に
思われていることは
ございませんか？
不満や要望などを
中心にヒアリングに徹する。
こちらでも現場の意見を
集約してみるので、
もう一度、来てくれる？

営業がうまい人は、出会ったお客様との縁をつなぎとめておくための「のりしろ」を残すものです。

1回目の営業は「問診」と割り切ります。

まずはお客様の要望や不満を読み取り、商品を買っていただく場合、何を問題視しているかを引き出すことを心がけるのです。

たとえその日のうちに、お客様に最適な提案ができたとしても、そこで成約を焦ることは禁物です。

「多分、これが一番かと思いますが、こちらのほうも社に持ち帰って検討いたします」などと、あえて〝宿題〟にさせていただくことで、次のアポイントももらうことができます。

このように、最初に手の内を見せない営業をしていると、たとえ成約に至らなくても、「あの人に売りつけられた」というマイナスの感情にならないので、次の面会に至る確率が格段に上がります。

雑談で積極的にお客様の興味を探って次につなげる

会うたびにお客様に「へぇー」と思わせることができる営業は、たいてい実績を上げているものです。お客様が知らなかったり、気付いていなかったことを話すと、「この人は会う価値のある人だ」と思ってくれるからでしょう。

一回商売したらそれで終わりにならないところも、こういうタイプの営業の強み。自然とリピーターが増えていき、業績もコンスタントに右肩上がりになっていくのです。

私も、お客様に「へぇー、そうなんですか」と言ってもらいたくて、証券の営業マンが取り扱う商品である銘柄や業界の動向を一生懸命頭に入れるように努めました。営業トークにおいては、豊富な知識こそがお客様の決心を促す決め手になるからです。

「ええっと、あの商品は……、きっと大丈夫ですよ」というような、あいまいな営業マンからは誰も買ってくれません。

「○○という理由で、お客様にはこの商品がお薦めです」と、確固たる知識をもとに論理的に理由を述べることで、お客様も納得して買ってくれるのです。

しかし、ただ単に商品内容や業界の動向だけ知っていても、魅力的な営業にはなれません。雑談の中で、一般の人が知らないような知識を伝えることができれば、話題が豊富な営業としてお客様の記憶に残ることができます。

手当たり次第に広く浅く雑学的なことを仕入れても会話を広げる材料にはなりません。雑談のネタは雑に学ばず、真剣に覚える必要があります。

中でも、覚えておくと話題が膨らみやすいのが名字についての知識です。これを体系的に頭に叩き込んでおくと、初対面のお客様でも話題に困ることはありません。

仮に、名刺交換した相手の名字が「東」だったとします。

「アズマさまとお読みするのですね。するとご出身は西のほうですか？　関東以北の出身の方はヒガシさんと読むほうが多いと聞いたことがあります」

このように相手の名字を話題にすると、かなりの確率で興味を持ってくれるので営業トークの糸口には最適なのです。

あいさつの時点で、相手の興味を引くことができれば、その後の商談はスムーズに進めることができます。ぎこちない自己紹介で終わってしまうと、商談自体もしっくりこなくなる。名字の話なら、相手の名前を知った段階で必ず使えます。相手の名字に関する知識さえあれば、会ってすぐに使えるので非常に便利なのです。

私は、名字辞典や人名に関する本を何冊か読んで、名刺交換の時に役立てていたのですが、しばらくするとこれらの知識には初対面の話題づくり以上の大きな副産物があることに気付きました。名字を話題にすることで、相手の出身地などのバックボーンを自然に知ることができるのです。

おかげで、お客様の名前をしっかり記憶できるようになったのも、営業マンとして、非常にプラスになりました。

売り込みが終わったらすぐに席を立ちなさい

長年、営業を続けてきた中で、私なりの面会での〝必勝パターン〟を確立することができました。

数々の失敗と成功によって磨かれた、私の面会の手順を紹介しましょう。

たとえば30分の面会時間をいただけたとします。

お客様の反応にもよりますが、私は最初の5～6分は雑談に費やすようにしていました。いきなり本題に入らないのです。なぜなら、いきなり商談を切り出すとお客様も身構えてしまうからです。

まずは最近の世情や業界の動向など、共感を持ちやすいテーマの話でお客様の気持ちをほぐしておくだけで、頭ごなしに「ノー！」と言われる可能性がかなり低くなります。

雑談によって、お客様の警戒心が解けてきたと感じられたら、「〜をしましょう」と提案をします。

その際、お客様からの質問には丁寧に答えていきます。質問があるということは、興味があるというサインですからうやむやにしてはいけません。その場でわからないことがあれば、「すぐに調べてお電話します」と答えます。

その日の提案が十分に伝えられたら、「ではぜひご検討お願いいたします。また、お伺いいたします」と言って、パッと席を立つ。実はここが大きなポイントなのです。本題を述べた後、再び雑談してしまうとお客様の頭が雑談モードに切り替わってしまうので、印象に残りません。

ビシッと話を切ってしまう。

これこそが本題の印象を残す究極のコツなのです。

マナー違反かどうかを決めるのはお客様

マナーの基準を決めるのはお客様です。

決して自分で決めてはいけません。

お客様が不快に感じれば、そこで失敗が決定するのが営業という仕事です。営業はお客様と直接接する仕事ですから、マナーを厳守するのは最優先に考えてください。

私自身、靴を磨いたりスーツにブラシをかけたりするなどの身だしなみを整えることは、仕事の一部だと思って十分注意を払ってきました。礼儀が身につくまでは、マナーに関する本を何冊も読んだものです。

たとえば真夏の猛暑の日でも、お客様が上着を脱ぐまで、私は自分からは脱ぎません。

マナーの基準を決めるのはお客様

自分では100点満点だと思っていても、
お客様が40点だと思っていれば、
それは40点のマナーとなる。

おかげで、相手もマナー厳守だと、どんなに暑くてもお互い脱げないという状況になってしまうことも。そんな時は「上着はいかがですか?」と聞いてみることにしていました。「大丈夫です」と答えたら脱ぎません。

お客様が「では脱がせていただきます」とおっしゃって初めて、「では私も失礼して……」と脱ぐのです。

マナーを厳守していくことで、お客様の身になって考える習慣がつきました。また、マナーというのはもともと相手を不快にさせないための合理的なルールであることにも気付きました。

マナーや礼儀をお客様は気にしないかもしれません。しかし、マナーから外れたことをしてしまうと、そのことに気付いている自分自身は絶対に気が引けます。そのような後ろ向きの心では、いい営業などできるわけがありません。ベストを尽くす営業をするためにもマナーは厳守するべきなのです。

毎日、反省する時間をつくると明日するべきことが明確になる

お客様に叱られることは、時に大きな学びの機会となります。

私も社会人になってすぐの頃、とある一部上場企業の社長に厳しく叱られ、さらに指導していただいたおかげで、社会人としてとてもいい習慣を得ることができました。

それは「眠る前に、親指をなめる」ことです。

皆さんが驚くのも当然です。私だって、その社長に「お前は寝る前に親指をなめろ」と言われてビックリしたのですから。

指をなめろと言われたのは、私が熱心に営業トークを始めてからのことです。

「お前はうるさい！　もっと静かに話す工夫をしろ！」と社長は突然私を叱りつけ、「そのためには、布団に入ったら眠る前にまず親指をなめろ！」と続けたのです。

あぜんとした私に、社長はこのような言葉を投げかけました。

「親指の爪が乾くまでの間でいいんだ。その日の朝から何があったか思い返すんだ。失敗したとしたら、なぜ失敗したかをちゃんと考えてから寝ろ！」

その日の晩にさっそく指をなめつつ、その日一日の出来事を思い出してみました。

確かに私のトークは性急で、自分のペースにお客様を巻き込もうとしすぎていたのかもしれません。

「よし、明日はお客様にとことん話してもらって、自分からの提案は必要最小限にしてみよう」と改善策も浮かびました。

指なめは結婚を機にやめましたが、日々の反省と明日の目標を考える習慣は、今も継続しています。

寝る前に、一日を振り返り反省する習慣を

第2章

お客様をひきつける営業は、〝心構え〟と〝準備〟にある

自分の給料がどこから出ているか考えれば誰を大事にすべきかがわかる

野村證券に入社して、私がまだ駆け出しの営業だった頃の話です。

飛び込み営業から会社に戻って、「なかなか成果が出ない」と愚痴をこぼしていると、ある先輩が私にこう問いかけてきました。

「お前は誰から給料をもらっているか、わかっているか？」

頭に思い浮かんだままを私は答えました。

「会社からです」

先輩は首を振りました。

「社長ですか？　本部長？　いや、株主かな？」

先輩は腕を組んだまま、黙っています。

ようやく私がたどり着いたのが「お客様から」という答えでした。

先輩は大きくうなずきながら、
「そうだ。お客様が株を買ってくれて、その手数料をいただく。それがお前の給料なんだ。お客様からいただいたお金を、社長以下全員で分配したのが給料だ。お前の給料の額を決めているのは会社かもしれないが、給料はお客様からいただいていることを忘れてはダメだ」と諭してくれました。

「給料はお客様からいただいている」――この言葉は、私が営業として物事を考える上での大きな指標となりました。

給料をいただいている以上、お客様に喜んでもらわなければなりません。
お客様が納得できないような損をさせてしまったり、後悔したりするようなことになれば、営業の恥です。同時に、会社にとっても損失につながることにも気付きました。ですから、とにもかくにも、お客様のことを最優先するべきなのです。

それまでの私は、
「売りたい」

「売らなければ」
「とにかく売ろう」
と肩に力が入った営業トークをしていました。
「売りつけたい」と焦っていたのです。

ところが、「給料はお客様から」と教わって、「今までのやり方ではお客様は楽しくもなんともなかっただろうな」と反省することができました。

それ以来、お客様の気持ちになって、営業トークを組み立てるよう心がけるようになりました。

すると今度は「お客様のために、無理して売らない」という判断を下すことができるようになったのです。

売り上げという数字は自分の都合。その自分の都合を押しつけて意に沿わない商品を売れば、お客様からの信頼を失います。そうなってしまったら、二度と私に対して対価を払ってはいただけないと覚悟しなければなりません。お客様からこれから先も「給料」をいただくには、まず信頼される営業になることが先決だと、考えられるようになったのです。

このようなスタンスで営業を続けていくうちに、「売ろう」という焦りが消えて、結果がついてくるようになりました。お客様の気持ちに寄り添い、お客様の利益になるように行動することで、信頼を得られるようになったからでしょう。

〝信頼〟こそ、営業マンの売る力の原動力です。

「この人なら、嘘はつかない」

「この人なら、私の不利益になるようなことは勧めない」

と思ってもらわなければ、お金を出して商品やサービスを買ってもらえません。

営業の世界には、

「商品を売る前に、自分を売れ」

という言葉があります。

これを私は「商品を売る前に、自分を信頼してもらう」という意味だと考えます。お客様を常に第一に考え、お客様の不安や不満を解消し、「買ってよかった」と思っていただけるように、説明や提案を尽くすことで可能になるのです。

自分の給料はお客様から出ているということに思いが至らずに、会社第一主義や上司第一主義になっている営業が少なくありません。

お客様の提案に、

「上司がダメだと言っている」

「会社の方針で無理」

とあっさりダメ出しする人などは、そのいい例でしょう。

給料がお客様から出ているということを胸に刻んでいるなら、何としてでもお客様の意にかなうような方策をとことん考え抜きます。

その姿勢こそが、真のお客様第一主義なのです。

売れる営業になりたいなら商品、サービスのことをすべて覚える

営業に配属されてまず驚いたのが、先輩がお客様たちの口座番号と、どの銘柄をいくら買ったかを、全部覚えていることでした。

お客様のことで先輩に相談に行くと「口座番号○○○のお客様、△社の株を500株持っているだろ？　あれ、早めに売るように言っておかないと損をさせることになりそうだ」とすぐにアドバイスしてくれるのです。

自分の担当するお客様でもない売り買いの経緯までも正確に把握することなど、自分ではとても不可能だと思いました。「先輩たちは真のプロなんだな」と感心したものです。

しかし、二月もすると、自分が担当しているお客様の分くらいなら頭に入っていることに気付きました。

目の前のお客様がどの株を何株持っているかを知っていたところで、お客様への売り込みはうまくいきません。口座番号の暗唱も、それを調べる時間の節約になるのが関の山です。それらができるようになったら一人前と漠然と考えていた私は、一人前になるためにはどんな知識が必要なのだろうと考えるようになりました。

「仕事に関する知識で一番重要なものは何でしょうか」とある先輩に相談しました。

すると先輩は、

「証券会社なんだから、まず銘柄を全部覚えろ」

というアドバイスをくれました。

全部覚えろと言われても、何千社もある会社のことなど、とても覚え切れそうにありません。

「どうすればいいんですか」

と尋ねると、

「毎日、四季報を読んで、覚えたところを食べてしまえばいいんだ」

と笑いながら答えてくれました。

先輩の冗談とも本気ともつかない言葉を真に受けた私は、次の日から分厚い四季報を、毎日カミソリで3枚（6ページ分）切り離して、行きと帰りの電車の中で覚えることにしました。

さすがに食べる気にはならないので、覚えた分はすぐにゴミ箱に捨てて、次の日もまた同じことを繰り返す……。

3枚だと12銘柄ですから、ちょうど次の四季報が出る3か月後には分厚い四季報に書かれていた銘柄すべてが頭に入る勘定です。

「捨てる」と心に決めると、もったいない気がするせいか真剣に覚えるものです。そうして1年もすると、効果が実感できました。

たとえば、お客様が何気なく口にした銘柄のこともすぐに基本情報を教えられます。すると、「じゃあ、それも買ってみようか」と、試しに買ってみてくれるのです。

それまでの私は、「○○社ですか？　社に戻って調べてみますね」と答えるのが精一杯でした。そういう時、お客様は必ずと言っていいほど、こう言いました。

「あ、いやいや。ちょっと気になっただけだから」

それで終わりです。

商品知識がなかった以前の私は、多くのビジネスチャンスを逃していたことに気付きもしませんでした。


自社が扱う商品について知ることは、営業がまず第一にすべきことです。

商品知識の量は、売り上げに比例するからです。

そして、商品知識を広く深く持っていれば、それだけお客様に最適な商品を薦めることができます。


「いい商品を教えてくれた」と、お客様が感謝してくれる。

その瞬間ほど営業のヤル気を奮い立たせるものはないと思います。

思うように売れないのは無理やり買ってもらおうとするから

「望まない人に商品を売りつけるのは嫌だ」

営業という仕事を始めた時、そのように考える人は少なくないでしょう。

営業マン本人が本当にそう思うなら、売らなくてもかまわないと思っています。

むしろ、「それでは上司に叱られるし、ノルマに届かないから、仕方なくても売りつける」という人は、いい営業マンに育たない可能性があります。

ノルマをクリアして、上司にも怒鳴られないようにしたいがために売るなら、簡単な方法があります。買うことを望まないお客様をうまく心理的に誘導して、薦める商品を買ってもらうように話術を磨く手法です。

売りたい商品の不利な情報は伝えずに、役に立つ素晴らしい商品のようにお客様に思わせれば、うっかり買ってしまう人もいるでしょう。

しかしそれでは、押し売りや詐欺師のテクニックと変わりありません。

このような「騙して売る」方法は、長い目で見れば何のメリットもありません。

売りつけられたと感じたお客様はリピーターにならないので、常に新しいお客様を開拓し続ける必要に迫られます。

たとえ同業他社に転職しても、昔、その営業から売りつけられた経験を持つお客様は、二度と買ってはくれないでしょう。少し考えれば、望まないお客様に売るのは、仕事をすればするほどどんどんパイを減らしていくだけであることに気付くはずです。


反対に、お客様が買う気がないのを察知したら、

「では今後、もし入り用になりましたら、ご連絡ください。すぐに駆けつけますから」

と言える営業は、何度でもそのお客様のところに訪問することができます。新製品が出てきたのなら、その説明をする機会も持てるでしょう。

「今、たまたま必要ない」

という将来のお客様を逃さずに済むのです。5年間、まったく取引がなかったお客様が、突然大きな買い物をしてくれる――このようなケースも少なくありません。

今まで使っていた他社商品の買い替えの時期であったり、他社との取引を見直していたタイミングに訪問した時などは特に、お客様は何か運命めいたものを感じてくれるものです。ふだんから「何も買ってあげられなかったけど、この営業は誠実に対応してくれていた」という印象をお客様に与えていたのなら、成約に至る可能性が大きく高まります。

営業を始めたばかりの頃は、営業トークをするたびに「無理やり買わせているようで、嫌だ」と思うかもしれません。しかし、むしろそういう感情を大切にしてほしいと思います。それは、お客様の心に寄り添う第一歩だからです。

「営業とはソリューションビジネス」だと私は考えています。

お客様の問題や不満を感じ取り、解決策を提案して、そのサービスの対価としてお金をいただくのが「営業」であり、営業の存在意義であると思っています。

ですから、たとえ上司から、「売り方がぬるい」「もっとたくさん売れ」と言われても、騙して売るようなことは、決してすべきではありません。堂々と、正直に、お客様のためを思って売らなければ、結局は自分の首を絞めていく結果になるでしょう。

スタートは同じでも…
5年後は大違い

トップ営業になりたければハードな仕事こそ正面から取り組む

営業の仕事を始めてすぐ、

「1日100軒、飛び込み営業をしてこい。ちゃんと名刺をもらってくるんだ。後で確認するからな」

と命じられました。

いくら「訪問軒数」を増やしたところで、入社して間もない新人が契約など取れるはずありません。お客様はずっとゼロのままです。それどころか、訪問先では名刺も受け取ってもらえないことが当たり前でした。

私の苦悩は会社に戻ってからも続きます。支店長が、私と同時に異動してきた店頭担当の主任の数字と私の数字とを比べて、私を叱りつけるのです。主任は、店頭担当なので、買う気があるお客様が向こうからやってきます。

「店頭担当で営業経験者の主任と契約の数を比べて怒鳴られるなんて。こんな理不尽な会社など、すぐ辞めてやる」と憤慨し、大学時代の恩師に相談に行きました。

「100軒回れというのはまだいい。しかし、最初から比較の対象が店頭の主任クラスの先輩なのは間違っていると思う。これではヤル気など出るわけない。もう会社を辞めたい」

と恩師に訴えると、先生は「三切る」の話をしてくれました。

「世の中は、踏み切る、割り切る、思い切るの〝三切る〟だ。お前は証券という世界に踏み切って入ったんだろ。それなら割り切ってやってみるべきだ。割り切ってやってダメな時は、思い切って会社を辞めればいい。そうすれば自ずと新しい別の道は開けるものなんだ」と励ましてくれたのです。


恩師の言葉に勇気づけられ、私はもう一度頑張ってみることにしました。「自分の仕事というものはこういうものだ」と割り切って腹をくくれば、多少の辛さも耐えられます。そして、割り切ってやってみるうちに、少しずつではありましたが、辛さの中にも面白みが感じられるようになってきたのです。

まず、声をかけることに苦痛を感じなくなりました。声かけが自然にできるようになると、どういうタイプの人にはどう声をかければ話を聞いてくれるかが、わかるようになりました。対人スキルを少しずつ身につけることができたのです。

今の時代なら、こんな新人の鍛え方をする会社は、ブラック企業といわれることでしょう。しかし、理不尽な叱責を受けた末に、腹をくくることで、私は営業として本当のスタートを切ることができたと感謝しています。

昔の営業の世界は、多かれ少なかれ「ブラック期間」とでもいうべき時期をくぐり抜けて一人前になるのが当たり前だったのです。

そういう時期に、割り切って思い切り仕事しようという決意ができたのは、私にとってラッキーでした。営業の基本となる考え方や心構えを身につけることができたからです。

野球でも１０００本ノックという練習がありますが、疲れてヘロヘロになって初めて余計な力が抜け、合理的なフォームで捕球できるようになるという効用があります。自分が今一つプロになり切れないと感じたら、１００軒飛び込み営業のようなトレーニングを自ら課してみるのも一つの手かもしれません。

場数を踏むことは最良の基礎訓練になるからです。

「苦心」して仕事を続けるのが売れる営業になる唯一の方法

ビジネスの世界では、よくこんなたとえ話が話題になります。

「まったく靴を履く習慣がない島に、靴の営業マンが行った時、『誰も靴を履いてない場所だから、売りまくるチャンスだ』と考える者がトップになる素質を持っている」と。

私はそうとは限らないと思っています。

「売れるはずがない」とすぐに頭を切り替えて、靴を履く習慣がある場所に移ってセールスするのが、悪い考え方だとは思わないからです。

靴を履かない人たちに靴を売ることができれば、確かに大儲けできるでしょう。

競合商品がないわけですから、適正価格などありません。値段も自分の一存でつけることができます。

しかし、靴とはどういうものか、靴を履くとどんなメリットがあるかという説明から始めなければなりません。これでは、売れ始めるまで、かなりの時間と労力がかかってしまいます。おまけに、靴のない島の人々のライフスタイルは、靴を必要としないのかもしれません。これは、いくら売り込んでも、まったく売れないリスクをはらんでいるということです。

靴のない島に早々と見切りをつける営業マンは、すでに靴が流通している場所で勝負しなければなりませんから、競合の商品より値頃感を感じさせるために値引きをしなければならないかもしれません。

競合商品より優れた個所を自社商品から見出して、営業トークをする必要もあります。しかし、売ることができる見込みは確実に立つはずです。

靴のない島で靴を売ろうとする人も、すぐに見切りをつける人も、どちらも売るためには「苦心」しなければなりません。苦労し、知恵を絞って売るならば、両者ともしっかりと利益を出すことができるでしょう。

ところが、しかし、苦心しないまま売ろうと思っていたのなら、どちらの人も同様にうまくいかないはずです。ですから、この2人の間に優劣はありません。

単なる営業スタイルの差にすぎないのです。

このような理由で、靴のない島で靴を売ろうとする営業マンが優れているとは一概に言えないと、私は考えます。

営業の優劣は「苦心したかどうか」にかかっている。売れる、売れないの差は、努力の量で決まる。と、割り切って考えるほうが、悩まないで済みます。

トップ営業になれるかどうかにスタイルは関係ありません。しっかりと苦心をして、その結果、成果が得られるかどうかで決まるのです。

仕事は面白くなくて当たり前。そう腹をくくれば、達成感を得られる

第二次世界大戦が終戦して3年後、野村證券の社長に就いて活躍された奥村綱雄元社長は、新入社員時代に当時の社長から
「奥村君、仕事は面白いかね？」

と問われたそうです。

正直に面白くないと答えるわけにもいかず、「面白いです」と答えると、

「そうか、面白いんだったら給料はいらないね。むしろ受付で入場料を払って会社に来てほしいくらいだ」

と社長から言われたというエピソードがあります。

確かに仕事というものは、厳しくて苦労が絶えないものです。営業の仕事は苦労もなし

に毎日続くわけがありません。必ずトラブルやクレーム、予定の変更があり、そのたびに冷や汗を流しながら駆け回るのが常です。何の滞りもなくうまく進むことなど、10の案件のうち2つあればいいほうでしょう。

私は個人投資家相手の営業からスタートして、人事部を経て法人営業に携わってきました。営業に限らず、仕事というものは思い通りにいかないものでした。

前述の奥村元社長は、当時の社長に言われたそうです。

「奥村君、仕事が面白くないのは当たり前だ。無理しなくていい。しかし、いつまでも面白くないのは本人の責任だ。仕事の面白さは自分で探し出すものだよ」と。

投げ出すことなく粛々と努力を重ねることでしか、全うできないのが仕事なのです。しかしその困難の先に、確かな達成感は必ずあります。

達成感を喜びにしていく。

それが仕事の面白さです。

START

仕事は面白くなくて当たり前

- トラブルは必ず起こる
- クレームは必ず発生する
- 予定は必ず狂う
- 上司の言うことは必ず変わる

では、どうするか?

- うまくいかないのは当たり前と割り切る
- 少しでも、当初の予定通りに仕事が進むよう心がける
- トラブル続き、クレーム続きでも投げ出さない

面白くないはずの仕事が、
達成感を得られるようになる。

GOAL

仕事の能力を数式で表すなら「知力×継続力」だ

学生時代は、知識があればそれだけで周囲から、ある程度評価されます。ところが社会人となると、単純に知識を持っているだけでは使い物になりません。「知力」が必要とされます。

知力というのは問題を解決する力です。どうすればトラブルを解消できるか、どうすればより利益を出すことができるかを考える時、知識だけでは薄っぺらな答えしか出せません。どんな無理難題と出合おうとも、「どうにかして解決してやるぞ！」と気概を持って事に当たらなければ、うまくいきません。

これを仮に数式にすると、

知力＝知識×ヤル気

となります。

たとえ知識が１００あっても、ヤル気がゼロの人は知力はゼロになります。解決する気がなければ、知識など、社会では何の役にも立たないということです。

しかし、知力だけでは社会人として決して尊重されません。仕事を続ければ続けるほど、能力が問われるようになるからです。では能力を数式化するとどのようになるでしょうか。

私は、
能力＝知力×継続力
だと考えています。

つまり、有能な人材とは、迫りくる難題を常に解決し続ける継続力を持った人だということです。

営業に限定すると、売るための知力は持っていても、売り続ける根気に欠ける人は能力があるとは言えないということです。

しかし、能力があっても業績が上がらないのが、営業という仕事です。

業績とは、

業績＝能力×運

だからです。

どんなに能力に恵まれている人でも、運がない時はまったく売れません。運がないせいでヤル気が失せてしまうと、業績は知識×ヤル気×継続力×運ですから、ますます、結果が出なくなってしまいます。この負のスパイラルを解消するには、まず「運を呼び込む」ことが大切です。

運を考える時、私は若手だった頃のエピソードを必ず思い出します。

当時、月曜日から毎日懸命に営業を続けたのに、まったく成果がなかった週がありました。金曜日の午後、少しでも多く回ろうと粘って会社に戻ると他の営業はみんな昼食を済ませて出払った後でした。

そこに窓口の女性社員から「『持っている土地を整理して将来の備えにしたい』というお客様が来店しているので対応してください」と声をかけられました。月曜日から金曜日までフラフラになって歩き回っても出会えなかったお客様が、向こうから飛び込んできたのです。はやる気持ちを抑えながら丁寧に要望をうかがって対応したところ、いつもの一週間分の売り上げを優に上回る取引となり、その先も末永くお付き合いいただくお客様になってくれました。もし私が、「もう売れないからいいや」と早めに会社に戻っていたら、そのお客様と出会うことはなかったでしょう。

Fortune favors the bold.（幸運は勇者に味方する）

ということわざがあります。

もともとは古代ローマのものだそうですが、運を呼び込むには動き回るしかないのは古今東西変わりありません。勇気を持って事態に当たる人にのみ、幸運は微笑むのです。

少なくとも、幸運が舞い込むのは不思議と「努力した後」だという経験則が私にはあるのです。

あこがれる先輩がいたら徹底的に真似してみる

同期や同僚から誰かをライバルに設定して、その相手に負けないように仕事をする人がいます。しかし私は、営業はライバルを設定するより「この先輩のようになりたい」という人を見つけるほうがはるかに成長すると思っています。

なぜならば、同期や同僚の仕事ぶりを励みに頑張ったところで、彼らの失敗に喜んだり、少しばかり自分より上回った業績をねたんだりすることになりかねません。かえって、小手先のテクニックばかり覚えようとして、肝心の〝営業マンのハート〟を育むことがおろそかになりかねません。

確かに「あいつには負けないぞ」という気持ちは、頑張るための燃料にはなるのですが、それだけでは営業の本質や醍醐味を学ぶ機会に乏しいのです。同じくらいのレベルの人を

理想の先輩の仕事ぶりを、まず真似してみる

見て学ぶより、しっかり業績を上げている先輩の仕事ぶりを見て学ぶほうが、はるかに多くを吸収することができます。

私自身、23歳の頃「この人を見習いたい」と心底思える先輩がいました。最後までその先輩に追いつくことができませんでしたが、彼を真似して仕事をする過程で、身のこなしからクロージング術まで多くを学びました。

面白いことに、たとえ自分から見たら営業の神様のような存在の先輩にも、「あの人はこうしているけど、自分の場合は違うやり方もできるのではないか」と、自分流にかみ砕くポイントが見つかるものです。

また、「あの人のここは、ちょっと荒いな」と、改善点が浮かび上がることもありました。

社内にそのような手本となる存在を見出せなければ、他社や他業種からでも見つけるとよいでしょう。

営業に向き、不向きはない。日々の積み重ねで、人は一流に近づく

「自分は営業に向いていない」

このように悩んでいる人も、少なくないのではないでしょうか。当然です。入社2年目、3年目で「営業が天職だ」と思える人のほうが珍しいはずです。

10年以上、営業を続けてきたベテランだって「向いている」と思って働いている人はごくわずか。私自身、営業が天職だと思ったことなどありませんし、多くのトップ営業も同様ではないでしょうか。

彼らは、仕事を覚え、苦しい中から小さい喜びを見つけ、毎日、コツコツと一つ一つの仕事を積み重ねた結果、成果がついてきただけなのです。

周囲から、営業が天職だと思われている人たちは、努力して営業になろうとした結果な

のです。
「自分が営業に向いているのか」
と悩むことはナンセンスです。

人生は、極端に言うとすべてが「営業」と通じるところがあります。転職するにも、自分の売り込みをしなくてはなりませんし、総務になっても企画になっても、プレゼンテーションをして相手に納得してもらうスキルは必要になります。ビジネスの世界に身を置く以上、「営業術」は必ず必要になってくるはずです。ならば、人生に役立つスキルの一つや二つを身につけるまでは、営業として成長するほうが得だと思います。

どんな形であれ、一度腹を決めない限り、営業は辛く厳しい仕事のままです。しかしいったん割り切って仕事をすれば、どんな形であれあなた自身にきちんとご褒美をくれるのが営業という仕事なのです。

第3章

お客様に「この人から買いたい」と思ってもらうコツ

口は一つ、耳は二つ。お客様の声は「自分の話の2倍」傾聴する

話し上手は営業の絶対条件ではありません。

話し上手、説明上手であるにもかかわらず、成績が上がらなかったり契約をまとめるのが下手な営業は実は少なくないのです。逆に、朴訥なしゃべり方しかできない人がトップ営業マンであるケースも枚挙に暇がありません。

理由は簡単です。

営業の一番大事な仕事は話すことではなく、「聞く」ことだからです。

じっくり腰を据えてお客様が何を欲しているかを知ることが、営業という仕事の第一歩なのです。

お客様との面会時間で、営業がするべきことを大まかにまとめると、

❶顧客のニーズを探る
❷そのニーズに合致した提案をする
❸金額や納期の確認をする
❹成約

といった流れになります。

ところが話し上手な営業はじっくりとお客様のニーズを探る前に商品の説明や提案をしてしまいます。つまり、❶をすっ飛ばし、❷も不完全になっているのです。

すると、ある程度話が進んだ挙げ句、「やっぱりいいや。今回はご勘弁」となってしまう。これが話し上手な営業が陥りやすい失敗パターンです。

私は、「口がうまい営業は、無意識のうちに会話の主導権をお客様から奪ってしまう」という大きな「欠点」を持っていると思っています。彼らだってきちんとお客様のニーズを探ろうとしているのでしょう。しかし、ついつい自らが会話の主導権を握ってしまう。すると、どうしてもお客様のほうは「聞く側」に回ることになります。

お客様が聞く一方になってしまうと、

「お客様は、こういう商品を望んでいるのではありませんか？」

「こういう商品が手に入れば便利だと思いませんか？」

「この商品が○○円なら安いと思いませんか？」

といったように、お客様がイエス・ノーで答えれば済む質問形式で営業トークを進めてしまいがちになります。

これではお客様の細かいニーズを探ることができません。やっかいなことに、質問の答えとニーズがピッタリ一致しているお客様にはこの方法でも売れます。下手に売れるから自分の営業が不完全であることに気付くことができない人が意外と多いのです。その結果、疑問や問題点を感じたお客様には売ることができない、打率の低い営業を続けることになってしまうのです。


私は後輩を指導する時には、「人間の口は一つ、耳は二つ。神様は自分がしゃべる倍、聞けるように耳を二つにしたんだ。だからお客様の話は耳でしっかり聞いてくるように」と伝え、傾聴することの大切さを説いてきました。

営業の一番の大切な仕事は聞くこと

相手がYESとしか答えられないような営業トークは、
お客様の満足度が低くなる。

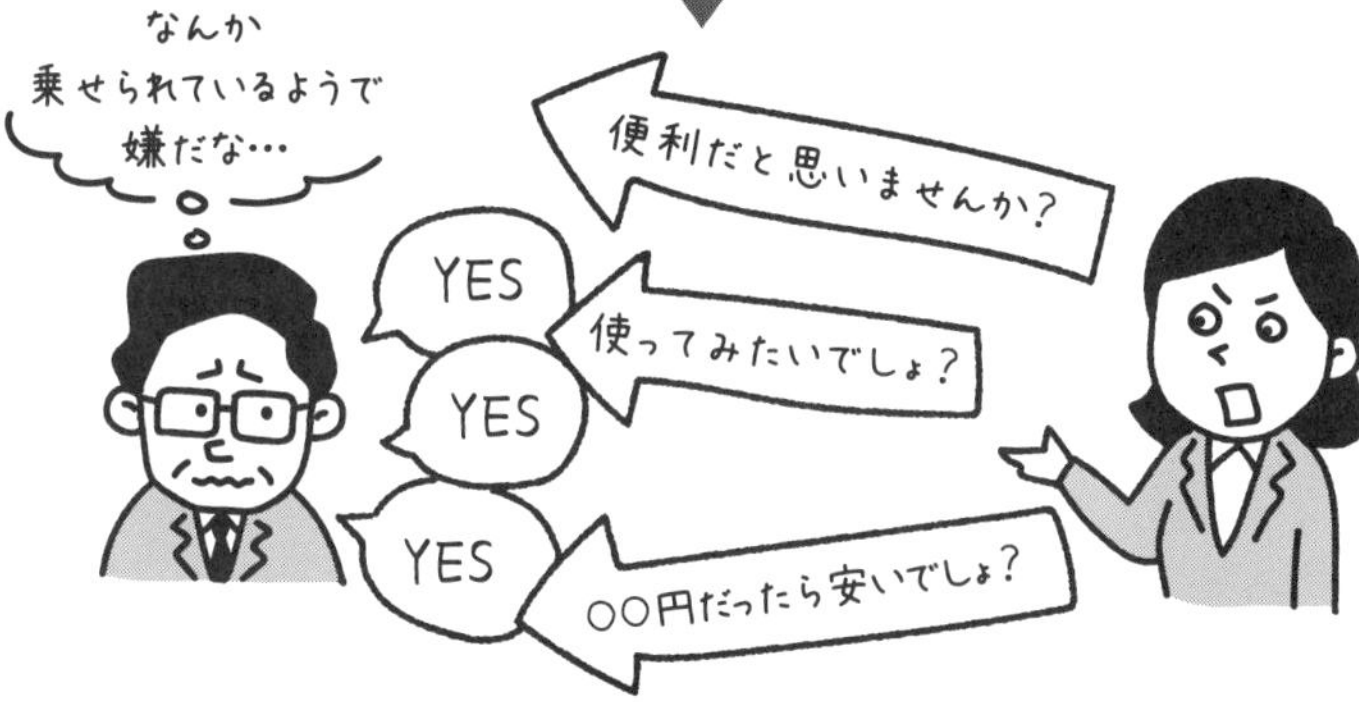

営業である自分が話す倍は、
お客様の声を拾うつもりでトークすると、
納得のいくセールスができる。

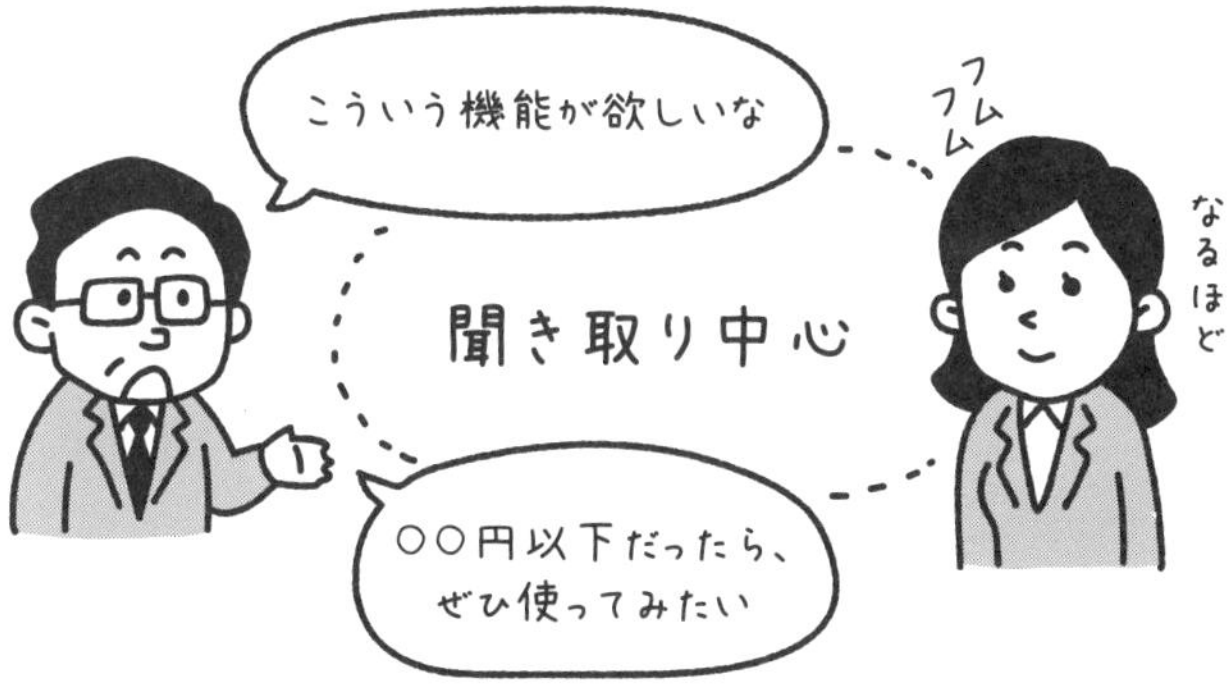

お客様のニーズにこたえる営業にリピーターは集まる

講演などで営業とは何かをお伝えするときに、私はよく百貨店の店員の話をします。

――奥さんが欲しがっているスカーフを、明日の結婚記念日のプレゼントに買おうとしている男性がデパートに現れました。

Aの店員は「売り切れていて、今、在庫がありません」

Bの店員は「売り切れていますが、明後日ならご用意できます」

Cの店員は「メーカーに聞いてみたところ、近くの○×デパートにはあるらしいので、お急ぎなら、そちらをご利用なさったらいかがでしょうか」

とそれぞれ答えました。AとBは販売、Cは営業だと私は考えます。その理由はなぜでしょう。

この話をすると、皆さん、なんとなくCの対応が営業だということは想像できると思うのですが、ハッキリ理由を述べることができない方が多い。

しかし、答えは簡単です。

お客様のニーズにこたえているのはCの店員だけです。お客様のニーズにこたえるのが営業という仕事の本質なので、Cのみが「営業をした」と言えるのです。

そして、一番多くの利益を獲得するのも、Cの店員でしょう。Cの誠意ある回答に、何割かの人は「それじゃ悪いから、明後日でかまわない。女房にはプレゼントは明後日になると言えばいいことだから」と答えるかもしれません。残りの人も、別の機会があれば必ずCから買いたいと思うはずです。

お客様との信頼関係というのは、お客様の利益こそが最優先だという姿勢から生まれます。Cの店員は「明日、スカーフが必要だ」というお客様の思いを最優先して、他社である○×デパートを紹介しました。せっかく来たお客様を手放すのですから、一見もったいない行為に思えるかもしれません。しかし、お客様の目からCはどう映るでしょう。自分の利益にならないことにも全力を尽くしてくれる、信頼できる人と見えるはずです。

近年、アドボカシー・マーケティングという考え方が広まっています。アドボカシーとは支援とか擁護、信奉という意味です。簡単に言えば、徹底的なお客様第一主義によって顧客満足度を高め、リピーターを増やし、お客様を企業の信奉者にすればより大きな利益を企業にもたらすという理屈です。

もともと日本では優秀な営業は他社製品を薦めることも厭わない傾向がありました。もちろんそれは、ほかのお客様に自社製品を売る自信があるからできることですが、お客様のためにソリューションを考えることが営業の仕事だという意識が高いので、自社に不利な情報も開示するのです。

優秀な営業マンほど、お客様はそういう営業の大ファンになることを知っているのです。

ズルい営業に2度目の面会はない

お客様から一番信頼されない営業は、ダメな営業ではなく、ズルい営業です。

ダメな営業は、たとえ失敗しても「もしかしたら次はちゃんとやってくれるかも」とお客様は思ってくれるかもしれません。

しかし、ズルい営業は、「あいつはどうも信用できない」と、敬遠されてしまいます。

ズルい営業とはどんな人でしょうか。

一言で言えば「いつも逃げ口上を用意している」人です。

たとえば証券営業だった私の場合、「相場が悪いですからしょうがないですね」という一言がズルい営業の免罪符でした。株式でどんなに損をさせても「相場が悪いから」という言葉一つで責任逃れをすることができます。だからこそ、私はこの言葉を絶対に使わないようにしていました。

自分の見込み違いでお客様に損をさせた時ほど、きちんと面会に行き、どういう考えでその株をお薦めし、どういう理由で損をさせることになったかをきちんと説明することを自分に課していました。

もちろん、私から離れたお客様も少なくありません。しかし、その後もお付き合いいただいて、汚名返上のチャンスをくださった方もたくさんいました。相手のほうに信頼の気持ちがほんのひとかけらでも残っている間は、まだ「お客様」でいてくれます。しかし、ひとたび相手に「あいつは逃げたな」と思われてしまえば、そこで信頼関係は終了です。

各業界で、それぞれの逃げ口上があると思います。しかし、その言葉は今後一切、口にしないと決めてください。

必ずお客様の心証を損ねます。

逃げ口上なしの茨の道こそ、一流営業への道です。

言い訳をした途端、お客様との間に壁ができる

クレーム処理にこそ儲けのヒントが詰まっている

クレームをつけてくるお客様への対応というものは、ともすると面倒と感じるでしょう。

しかし、私は営業を続けるうちに、

「こちらに不手際があったのにお客様でいてくれるのだから、ありがたいことだ」

と思えるようになってきました。

自分や自社の商品に、まだ可能性があると思っていてくれるから、お付き合いいただけるのだと、プラスに考えるようにしていたからかもしれません。


クレームというものは、自分や自社商品の欠点や不満点を指摘してくれるということです。自分ではわからなかった不備や欠陥を改善する、いいチャンスとみることもできます。

営業やサービスが問題なら、今までのやり方を見直す機会にもなります。商品が問題なら

**クレームの中には、
いろいろなヒントが詰まっている!**

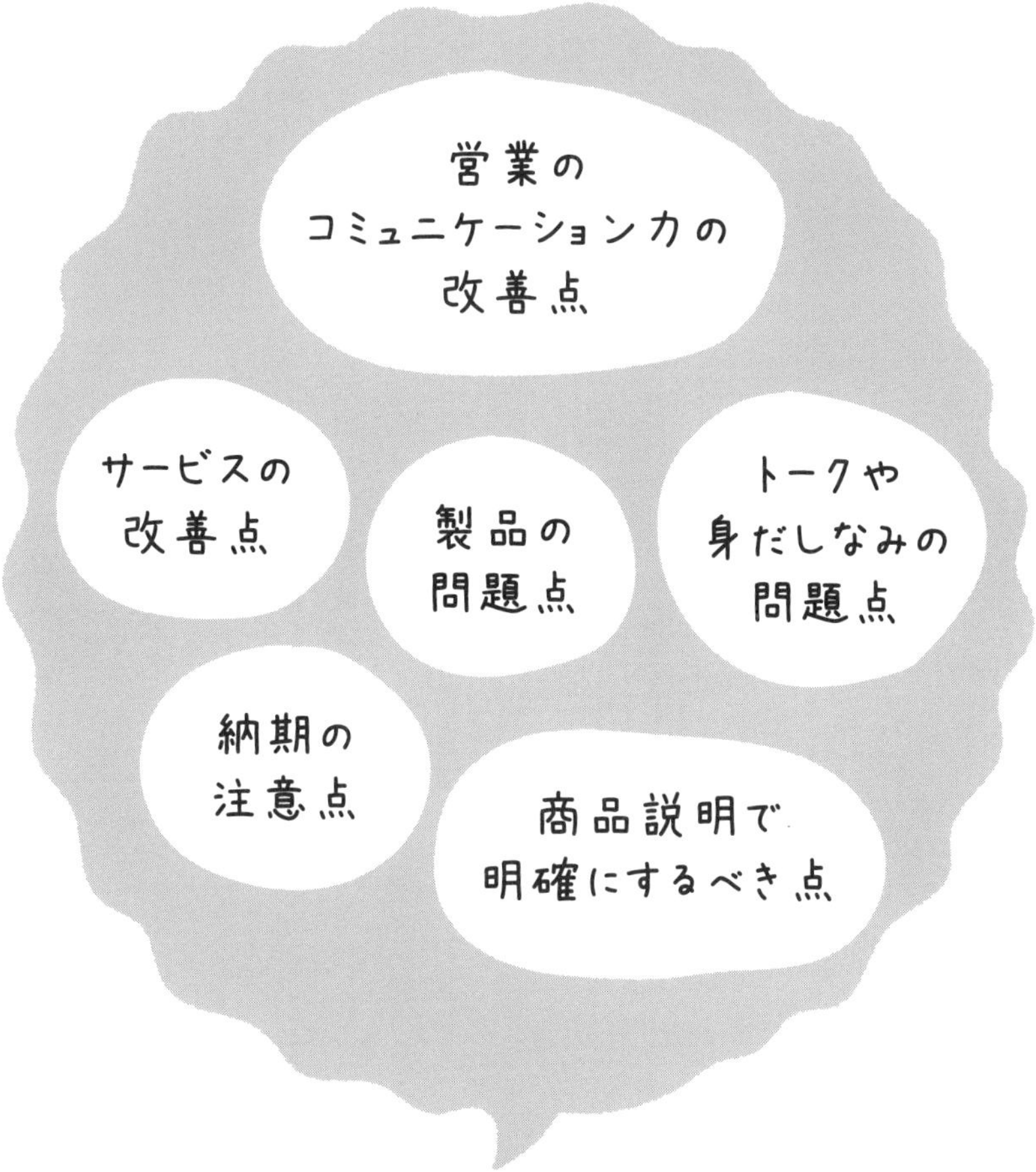

新製品のヒントになるかもしれません。

　メリットはそれだけではありません。こう言っては語弊があるかもしれませんが、何度もクレームをつけてくるお客様の中には、一度納得すれば離れないという人も非常に多いのです。「面倒くさいな」と思えるお客様にも、そういう長所があることに気付けば、喜びを持って接することができます。

　逆にサラッとした人は、さしたるきっかけもなくサラッと縁が切れることがあります。

　まず、クレームに対応することが時間の無駄になるという考えは捨ててください。

　クレームに対応する時間の中に、儲けのヒントに直結する可能性が潜んでいると信じて、腰を据えてお客様の不満を聞いてください。

　長い目で見れば、成績を伸ばすことにもつながります。

お客様は完璧な回答より素早い返答を待っている

どんなに想定問答を頭の中で組み立てていても、突然お客様から返答に窮するような質問をされてしまうことがあります。

そんな時、生返事をしてお茶をにごす営業は三流。

「社に帰ってからお調べして連絡いたします」と答え、何日かたってから完璧な回答をする営業は二流です。

では、一流の営業は？

彼らは「すぐお調べいたします」と、表に出た途端に調べ始めて、1割、2割のことがわかったらすぐにお客様に一報する。このように素早い対応を常に心がけている人が一流なのです。

一見、1週間後に満点の回答をしたほうがいいように思えるでしょう。しかし、それではお客様の満足度はせいぜい2割程度なのです。

逆に2時間後に2割の答えをすれば、お客様は8割がた満足するものです。たいていの場合、お客様はレスポンスの正確さより、レスポンスの速さを求めているものです。

「とにかくクイックレスポンス」は、昔から私が心がけてきたことですが、近年ますます重要になってきました。インターネットが発達した昨今では、不明なことはお客様自身で調べることも可能になってきたからです。

お客様の疑問への回答に1週間も時間をかけたら、あなたから買う理由もなくなってしまいかねないでしょう。

お客様には「とにかく早い返事を!」

回答までの時間が短ければ短いほど、
お客様の満足度は高くなる

失敗をしたくないから行動をしない。これは営業にとって一番危険な考え方

誰でも失敗はしたくないものです。失敗すれば上司に叱られるし、会社にも負い目を持ってしまいます。お客様に合わせる顔をなくしてしまうかもしれません。

だから多くの人は、失敗しないために上司に言われたことしかしないように自分の行動に制限をかけてしまいがちです。

ところがこれが三流の営業への道の第一歩なのです。

失敗しないように行動するということは、あたりさわりのない最低限の仕事しかしないということです。極論すれば行動しないのと変わりありません。

そして上司も、失敗しない部下を評価しがちです。特に大きな企業では「ミスがない組織こそが最上の組織」という雰囲気が根付いてしまっています。

しかし、こういう文化こそが企業のダイナミズムを奪ってしまう要因のように思えてなりません。

その点、アメリカなどはアグレッシブです。

たとえば、シリコンバレーで起業志望者が3人、「お金を出してください」と言ってきたとします。するとアメリカ人は必ず「あなたは今までに何社倒産させていますか?」という質問をします。

「私は3回失敗しています」

「私は失敗したことはありません」

「私は1回失敗しました」

この三者三様の答えを聞いた資金提供者は、いったい誰に投資しようと考えるでしょうか。日本なら間違いなく「私は失敗したことはありません」という人を選ぶでしょう。

しかし、アメリカ人は、3回会社をつぶした人にお金を出します。3回分の失敗の経験に価値を見出すからです。

失敗ゼロというのはノープレー、ノーエラーとしかみなされません。サッカーやバスケットボールで、「自分は下手だから」とボールに触りたがらないタイプの人は、決して上達しません。

ノープレー、ノーエラーの事なかれ主義は今すぐ改めるべきです。


ビジネスで結果を出す人というのは、失敗しない人ではありません。

チャレンジする人です。チャレンジして失敗するからこそ「この方法ではうまくいかない」ということがわかるのです。

そして失敗の数が多ければ多いほど、いろいろなケースで正しい道を選んでいくことができるようになります。失敗しない人は、いつまでたっても、ビジネスに必要な経験を重ねることができません。


会社をクビにならない程度の失敗ならどんどん経験して、その対処法を含めて学んでおいたほうが、長い目で見れば大きな成長が見込めるのです。

失敗を多く経験している人は、
成功までの最短距離がわかる

お客様から逃げるとかえって損をする

営業という仕事をしていると、クレームが入ったり、取引先に損をさせてしまうことも時にはあります。

そういう状況になると、お客様に連絡を取る勇気はなかなか出ないものです。お客様が笑顔でいるなら気軽に訪問したり電話をしたりできる営業でも、逆風になるとついつい逃げ腰になってパタリと連絡を取れなくなるという人は多いものです。

心の中では「連絡しなくては」と思っていても、電話するとなると勇気がなかなか出ない――その気持ちは、よくわかります。

しかし、私はこのような人を見ると、「つらい状況に陥った時ほどチャンスなのにもったいないな」と思ってしまいます。

むしろそういう苦境の時にこそ、お客様と進んでコンタクトを取ることに大きなメリットがあるからです。

お薦めした商品に不具合が出たりすれば誰しも不安になります。株の場合なら、市場に嵐が吹き始め、株価がどんどん下がっていけば、この先どうすれば正解なのか知りたくもなるでしょう。お客様の心理として、営業と連絡を取りたくなるのも、もっともです。

このような場合は、お客様から逃げようとしても、お客様は追ってくることがほとんどです。

営業がいくら逃げ回っていても、お客様の不安は解消されません。

どんなに逃げようとしても、相手は必ず捕まえようとしますから、逃げることは時間と労力の無駄。心証が悪くなるだけ損です。

本人にも、引け目が残りますから、よい精神状態で仕事できるわけがありません。

逆に不安なお客様の気持ちを汲み取って、早めに連絡を取り、面会をするとすればどうでしょう。

お客様が不安がっていれば、その内容を細かいところまで聞く。怒っていれば聞き役となって不満をしっかり受け止める。

お客様が冷静さを取り戻してから、あらためて善後策を提案していけば、建設的な話し合いができます。

人は状況が悪くなるほど、誰かとコミュニケーションを取りたくなるものです。

そういう時には、たとえ怒鳴られようが、泣かれようが受け止めるべきです。それは営業という仕事の責務であると私は考えます。

そして同時に、お客様との真の絆を築くチャンスでもあるのです。

なぜなら、「あの営業マンはピンチでも逃げない」という評判は、どんな肩書より信頼感を抱かせるものだからです。

結果を出せないことを甘んじて受け止める。営業の人格は数字なのだ

野村證券では、「営業の数字こそが人格だ」と断言する上司がいました。若い頃、私はこの言葉が嫌で嫌でたまりませんでした。

しかし、その後、営業として経験を積み重ねていった結果、最後にはこの言葉を認めざるを得ませんでした。

数字が上がらない営業は、必ず言い訳の余地を残していることがわかります。

「たまたまタイミングが悪かった」
「うっかり言葉の選び方を間違えた」
「不景気な時代だから仕方ない」

など、他人だけでなく自分自身にも心のどこかでエクスキューズしています。自分自身

が不調の時を思い起こしてみても、そういう気持ちがどこかに芽生えていたものです。

ところが結果を出す営業は、どんな悪条件も熱意や創意工夫、社内外の人間関係における信頼感、論理的思考や意志の強さなどを総動員して課題をクリアしていきます。そういう人物はやはり人格に秀でているとしか言いようがありません。

つまり成果というのはその人のトータル、全人格的なものなのです。「数字が人格だ」というのは嫌な響きの言葉ですが、真理でもあるのです。

もちろんどんなに努力をしても数字が上がらないことは、営業という職種にはよくあることです。もし自分が上司の立場なら、部下のそういう努力に目を向けて励ますことも必要でしょう。

しかし、自分自身の数字が上がらない場合は、原因がどこにあるのかを真剣に考え、気を引き締めるべきなのです。

結果を出す営業、出せない営業には、このような違いがある

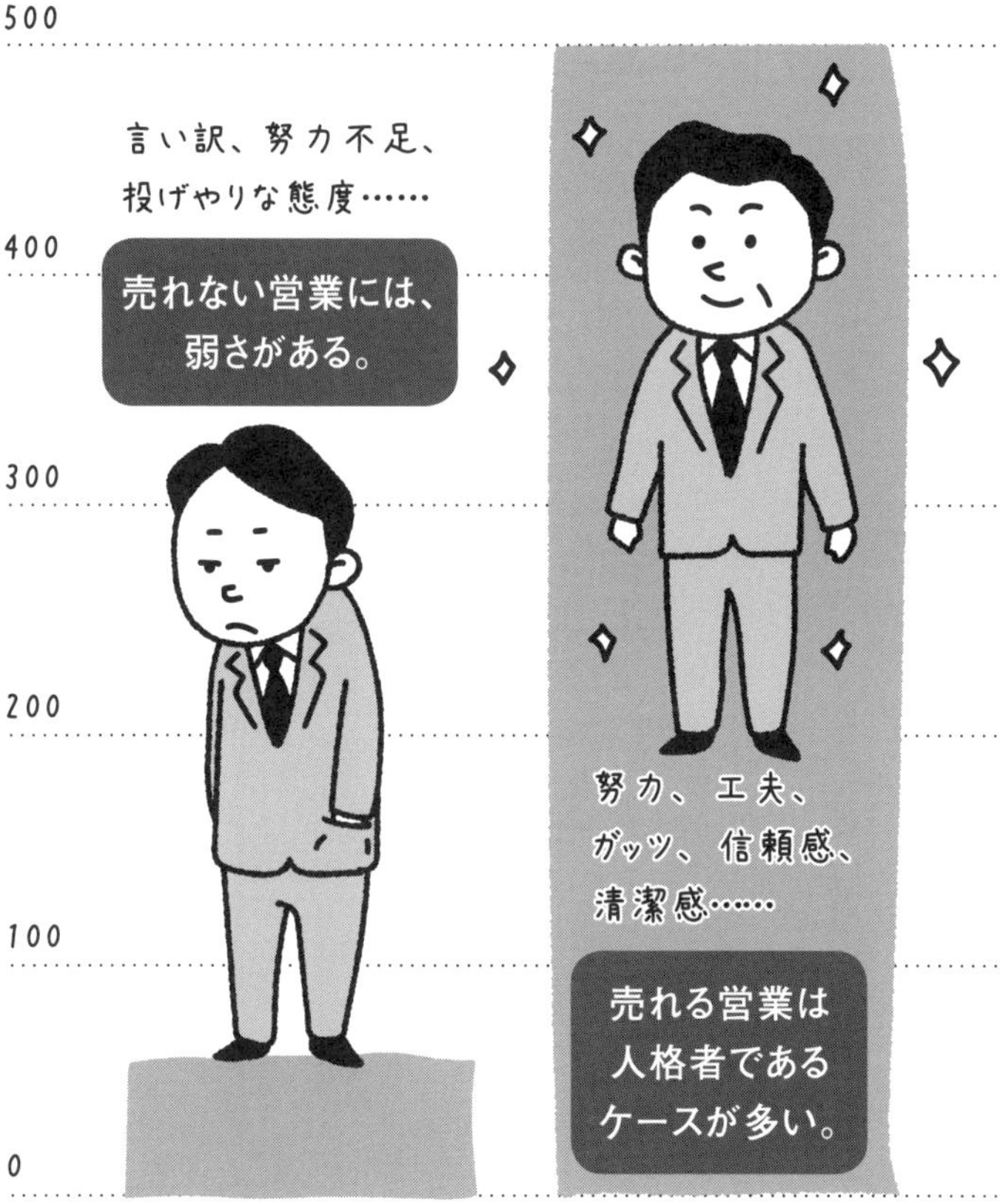

長く続く企業ほど信頼優先。お客様に愛される営業もまったく同じ

信・誠・継・心・真・和・変・新・忍・質……。この10個の漢字は、どのような共通点があるかご存知ですか。

これらの漢字は、『日本の百年企業』という本に登場する老舗企業に、大切にしているものを一文字で表すとしたら何かをアンケートした結果なのです。

企業ですから、「利」や「儲」「益」といった漢字が入ってもよさそうなものですが、さすがは100年も続く企業は目先の利を追うことは二の次なようです。

営業もまったく同じです。利益や儲けを追っては、その場限りで終わってしまう。

一生懸命お客様のために働いて、利益や儲けが後からついてくるようにすることこそ、大きく儲ける極意なのです。

あなたも成果が黙ってついてくるような営業になりたいなら――、
お客様の信頼を得て、
誠を尽くし、
後輩には出し惜しみせず仕事のノウハウを継承し、
嘘はつかずに和やかにお客様と接し、
世の中の変化には新しいアイデアで対応し、
それでもダメなら耐え忍んで、
常にサービスの質の向上に努める。

そういう心がけでお客様と仕事に向き合ってください。
これが営業の王道であり、どんな逆風にも揺るがない、最強の営業なのです。

お客様の気が晴れるなら いくらでも怒られなさい

最近の若い人たちを見て心配になるのは、「怒られ耐性」がなさすぎる点です。

そのせいで、営業マンが小粒でお役所的になってきているのは問題です。

誰だってお客様から怒られたり叱られたりするのは嫌です。高校時代は野球部だった体育会系出身の私でさえ、仕事を始めて、先輩や上司から罵声を浴びせられることは辛く、何度も会社を辞めようと思いました。

今の若い方、たとえばゆとり世代の若者にとってはショッキングなのも当然です。それでも私はあえて「お客様から怒られることを恐れるな」と伝えたいのです。

お客様が怒る理由は、大体４つ。

❶ 商品に不具合があったり想定していたものと違った

❷ 不利益が出た
❸ 営業の対応が悪かった
❹ お客様自身のミスにより期待した結果が出なかった

といったところでしょう。❶〜❸に関しては、多少なりとも自社か自分にも原因があるはずなので、怒られるのは当たり前です。

問題は❹です。「それはお客様のミスじゃないですか」と相手を論破してしまうのはもってのほか。素直に怒られればいいのです。

自分が原因だということなど、お客様本人が一番わかっています。

しかし、やり場のない怒りをどこにぶつければいいのか。

会社の部下ですか？

家族ですか？

そのように思いを巡らせれば、怒られてあげられるのは営業くらいなのです。怒られるのは営業の仕事だ、サービスの一環だと、割り切ればいいのです。

第4章

結果を出す営業ほど
ツキを呼ぶ
働き方をしている

失敗を気にするな。失敗も一つの大切な情報だ

失敗して落ち込むのは仕方ないことですが、落ち込むだけで失敗から何も学ばないことほどもったいない話はありません。

失敗は決して多くのことを教えてくれるわけではありません。しかし、「失敗した仕事の進め方、取り組み方ではうまくいかない」ということは教えてくれます。それは経験から得た大きな成果でもあります。

「その方法はダメだ」という経験は、大事な情報です。本田技研工業には過去に、失敗を表彰する制度が存在していたくらい重要です。どう取り組もうと、そちらの道を行くとうまくいかないことを証明した功労を認めていたのです。それだけでなく、失敗に恐れをなしてチャレンジすることに二の足を踏むことこそ、企業にとって一番の損失になることを

他人のサクセスストーリーは参考にならないこともある

経営陣がわかっていたのです。

失敗してもすぐに立ち上がり別の道を歩む。また失敗したら、すぐまた別の道を……、それを繰り返せば正しい道は必ず見つかります。失敗し意気消沈しても、損するのは企業であり、失敗した本人です。

営業にとって、他人の成功の自慢話より、失敗談が参考になるケースが多いことも知っておいてください。

ほかの人が成功した結果は、条件がそろった結果、うまくいったケースもあり、同じようにしようとしても、再現できないことが少なくありません。

ところが、失敗した話は、誰が同じことをしてもうまくいかない場合がほとんどです。

ですから、先輩や同僚が失敗談を語り始めた時は、茶化したり笑い飛ばしたりせず、真摯に聞いて自分の糧にすべきです。

売れない商品だからこそ買ってくれたお客様のもとに通う

私が入社してまだ数年のキャリアで、個人投資家相手の営業の経験しかなかった頃。家電メーカーで営業をしていた友人に「これはダメだと思う商品を売るのは大変ではないか？」と尋ねたことがあります。

こちらは証券会社なので、どんな株を売っても手数料は同じ。自分がダメだと思う銘柄を、わざわざお客様に薦める必要はありません。

だから、自分が売りにくいと感じている商品でも、売らなければならない営業の心境に興味があったのです。

家電メーカーの友人はこう説明してくれました。

「なんで開発はこんな商品を上げてきたんだろうと思う商品は、売りにくい。最初に自分がダメだと感じてしまうと、どうしてもその商品の悪いところばかり目につく。するとますます売れる気がしなくなる。その製品の長所を売り込まなきゃならないのに、長所が見えなくなってしまう。

それでも買ってくれるお客様はいる。たとえ売れても、『俺の顔を立てて買ってくれただけかもしれない』と思うと、申し訳ない気になる。だから買ってくれたお客様のところには何度も会いに行くようにしている。自信がない商品を売ってしまった負い目があるから、不備や不満があればすぐにアフターケアするつもりでね」

と言うのです。

そして、「会って話してみると、商品に満足している人は少なくない。そのような人からはその商品のよい点をしっかり聞き出すんだ。『開発の人間に伝えたら喜びます』と言えば、お客様は本当に細かく教えてくれる。これがありがたい。長所がわかると売り込むポイントがわかるし、お客様が喜んでいる顔を見ると、間違ったことはしていないと強く実感できる。すると自信を持って売ることができるようになる。商品に自信を持てさえすれば、自然と売り上げは上がる。だから、長所を見出しにくい商品を買ってくれたお客様のところにこそ、訪問を増やす。お客様からその商品の魅力を教えてもらうことが、売りにくい商品を売るコツだ」

よく考えていると私は感心しました。

自信のない商品だからこそ、お客様がアフターケアが必要になる可能性を忘れず、逃げずに訪問する。苦情が出れば、別の解決策を提案することができ、その苦情を開発にフィードバックして売りにくい商品を改善していくこともできる。

幸運にもお客様が満足しているなら、その理由を聞き出すことで、売り文句のヒントになる。商品がダメな理由をしっかりと把握すれば、自分が売る時の参考になるだけでなく、会社全体を動かして、売るための改善策を講じるキッカケになります。そしてそれは、全社的な利益につながることなのです。

売り込むのが難しいと思っていた商品を買ってくださったお客様への訪問は、どちらに転んでも営業にとってメリットがあるというわけです。

今はダメでも気を落とさない。営業には大逆転がある

営業という仕事のいいところは、大逆転があるところです。同期や後輩に営業成績で先を越されている人でも、本人の取り組み方一つで、十分抜き返すことができます。

営業は漁師と同じで、大きな魚群に出合えればほかの何倍、何十倍も稼ぐことができる商売です。それがコンスタントに続けば評価も実績もガラリと変わります。

しかし、ただ流されるように仕事をしているだけでは、「魚群を見つける方法」などいつまでたっても身につきません。

日々の仕事を真剣にやり抜くだけでなく、「こうすればもっとよくなるのではないか」と仮説を立てて実行したり、失敗した時は「なぜうまくいかなかったか」について深く考え

たりすることが必要になってきます。今まであまり成果が出せなかった営業が、大逆転する時には、必ずこのような仕事ぶりの変化が見られます。

入社以来、目立った働きもなかった営業が、よいお客様との出会いをきっかけにエース級に生まれ変わったり、一時期成績が低迷していた営業が、結婚を機に成果を上げ始める場面を何回も見てきました。そういう「大化け」する人たちの共通点は、仕事へのモチベーションを高く保っているところです。

後から伸びる営業は、

「一家の主になったから」

「あのお客様には誠意を尽くしたいから」

という自覚から甘え心を捨てたり、

「もう馬鹿にされるのは嫌だから、とにかく一度がむしゃらにやってみよう」と腹をくくったりした人です。

そういう決心をした人は、なかなか契約を取れない時でもペースを落とさず働きます。むしろ、「ここで負けるものか」といつも以上に頑張ります。すると少しずつではあっても、必ず成果がついてきます。

実はこういった積み重ねは、単なる成果以上の結果を、その人の心に残します。ささいな成功体験でも、それが重なれば重なるほどモチベーションは高まるからです。何かのきっかけで一念発起した人はこのような好循環に恵まれるものです。この好循環をそのまま5年も継続できれば、平凡な社員はエース級の営業に生まれ変わります。それは私の人生で何度も目にした風景です。

うまくいかない時でもモチベーションを落とさず仕事をする人なら、大逆転は十分可能なのです。

といってもこれが一番難しいのも事実。

恋人ができたり結婚したりといったハッキリとした人生の転機や、どうしても甘んじることができない侮蔑の言葉など、明確な契機があって生まれ変わる人は少なくありません。一度そういう成功体験をした人は、「仕事は心の持ちようが大事だ」という意識を持つことができます。

しかし、昨日と同じ気持ちのまま、ずるずると過ごしてしまう人もたくさんいます。そういう営業には簡単に負の大逆転も起きるということを忘れないでください。

仕事へのモチベーションこそ成果を生み出すための燃料となる——。

だから自分のモチベーションの有無には常に注意を払うべきです。

「ヤル気が落ちている」と感じたら、かえってペースアップするくらいの感覚で仕事に励んでください。

モチベーション＝ヤル気は営業で一番大切な基本姿勢です。

家族への愛情でもいい、上司への反骨心でもいい。どんなやり方でもいいから、ヤル気を絶やしてはいけません。

それでもヤル気が出ない時は、頑張りさえすれば大逆転がありうるのが営業だということのページのことを思い出してください。

悩んでいるだけで解決できるトラブルはない

若い頃の私は、難しい問題に直面するたびに会社のデスクで悩んでいました。そんな私をからかったある先輩の言葉は一生忘れません。

「おい津田、いいなお前は。悩んだり困ったりしていれば、それで解決してくれるんだったら、それが一番だもんな」

そして、一喝されました。

「でも、悩んでるだけで解決することなんか何一つない。結局は行動するから解決するんだ。だったらとっとと動け！」と。

それ以来、「難局に陥って悩み込むことは時間の無駄。悩むヒマがあればまず先に行動してしまう」と頭を切り替えることにしました。

その結果、トラブルが発生する頻度は減らないにしても、解決にかかる時間は格段に短くなりました。ビジネスにおける問題は、早く解決に乗り出したほうが、傷が浅くて済むケースがほとんどなので、当然の結果です。

部下を指導する時にも、「悩んでいて解決するならそれが一番。でも行動するから解決するんだ」という言葉をかけていました。

「でも、どう行動すればいいかわからないから悩んでいるんです」と言う者には、「だったらとりあえず歩き出せ。歩きながら考えよう」と指導したものです。

たとえば、自分の落ち度で、どうしても謝らなければいけないお客様がある時、デスクでどういう言葉で謝ろうかと悩んでいても仕方ありません。むしろ思い切って席を立ち、お客様のところへと動き出すほうが踏ん切りがつくものです。謝罪の言葉など道々考えればいい。翌日に練りに練った言葉で謝ったところで誠意が伝わるとは思えません。それどころかかえって空々しく聞こえてしまうでしょう。

「悩んでいたって解決しない。歩き出して考えよう」を実践していると、一歩目が早くなりました。

これは営業にとって重要な特性です。

往々にして仕事が遅い人というのは能力の差ではなく、一歩目の踏み出しの差にすぎない場合が多いのです。一歩目が遅いからすべてが後手後手になっていく。すると問題の解決が次から次へと遅くなり、処理し切れなくなってしまいます。

トラブルがあれば、すぐに現場に足を向ける。

それがトラブルを拡大させない最良の方法です。トラブルを解消できるかどうかは別にしても、「あの人はマメだなあ」とお客様に思ってもらえることはいいことです。最低限、トラブルを解決しようという姿勢だけは伝えることができます。

机の前でうなっていて解決できないくらいなら、すぐに動いて「解決しよう」という心意気だけでも見ていただいたほうが、印象はいいのではないでしょうか。

悩んであれこれ考えるよりも、まず行動に移す

トラブルが気になって身動きがとれない。

問題は解決されずそのまま

まず、動き出す
お客様にお会いして、まずお詫びしよう。

早く動き出せば早く解決する

効率ばかり優先していると突然、成長が止まる

営業を5年、10年と続けていて、ある瞬間に突然成長が止まってしまう人がいます。

これは楽をすることを覚えてしまうことが原因です。楽をするといっても、目立って手を抜いたりサボったりするという意味ではありません。最小限で最短の手順で結果を出そうとすることを、「楽をしている」と言っているのです。

周りの営業を見わたしても、効率優先で仕事をするようになった途端、成長を止めてしまうことが少なくありませんでした。ハッキリ言えば、効率優先で仕事をし始めた時が、その営業のピーク。本人が考え方を改めない限り、今後の成長に期待できなくなるのです。

効率優先の典型例は、芽が出ないと判断したお客様はすぐに切り捨て、無駄な時間を減らしていく営業スタイルです。

見極めが早くなれば、それだけ期待値の高いお客様に多くコンタクトをとる機会が増え

ます。成約率や売り上げが増えて「必勝パターンがわかった。やっとこれで俺も一人前の営業だ」と思えるかもしれません。しかし、これが仕事に慣れてきた営業が陥る大きな落とし穴です。

このような営業の仕事は作業（＝ワーク）にすぎません。商売（＝ビジネス）ではなくなっているのです。では、ワークとビジネスの差は何でしょう？　頭を使わないのが作業、頭を使うのが商売だと考えます。

作業は、ある意味で頭を使わずにこなすことができます。自分が見つけた必勝パターンをなぞっていくだけである程度の成績が上げられるので、非常に楽です。ところがこの必勝パターンでさらに大きな成果を上げようとすると、途端に困難になるのです。

買ってくれるお客様かどうかを素早く判断してしまうことは、たくさんの潜在的なお客様までスルーしてしまうことです。そこで成績を2倍にしようと思ったら、2倍働かなくてはならないので、まず体がきつくなります。すると、ますますお客様の見極めに時間をかけないようになります。その結果、ちょっと粘れば買ってくれるお客様を大量に逃すことにつながるのです。

必死で構築した必勝パターンというのは、実は本人が思っているほど賞味期限が長くはありません。市場やライバル社の動向や規制の強化、緩和など、ささいなことであっけなく陳腐化してしまいます。「自分もようやく一人前」と安心した半年後に急に成績が上がらなくなることも少なくありません。

効率的に仕事ができるようになって、余裕を持てるようになった時こそ、「難しいな」と判断したお客様にあえて時間をかけてみるべきなのです。たとえ買ってもらえなくても、その理由をしっかり聞き取る。そして、どんな商品であれば興味を持ってもらえるかなどもリサーチを重ねる。そのようなひと手間をかけておくことで「買わないお客様」が「将来買ってくれるかもしれないお客様」に変わるのです。

商品に興味を持ってくれているようなのになかなか買ってくれないお客様と接する時、どこに問題があるかを考え、その対策を講じることは営業術を磨く貴重な訓練です。「売りにくい相手にも売る経験」を積むことで、より多くの相手に何でも売れるようになる「強さ」が手に入ります。その強さこそが営業に求められるビジネス能力なのです。

「買わないお客様」を
「将来買ってくれるかもしれないお客様」に変えられるか

分母を増やせば売れるというのは大いなる錯覚だ

「分母を増やせ」

営業の回数に比例して成果が上がるとするこの言葉、真実でもあり大嘘でもある不思議な言葉です。上司から「分母を増やして売り上げを上げろ！」とハッパをかけられた時、グンと売り上げを増やす人もいれば、営業をかける回数を大幅に増やしても、いつもの成績とほとんど変化のない人もいるからです。

確かに頑張って分母を増やす――つまり営業をかける回数を増やせば、取れる契約も比例して増えるのは道理です。しかし、契約が増えるのは、分母を増やす前後のヤル気に差がない場合のみ。

上司の指示に嫌悪感を感じて、ヤル気が半分になった営業は、機会を2倍にしたところで、成果はたいして変わりません。

ひとつだけ言えることは、この「分母を増やせ」という言葉によって、モチベーションを落とす営業は損をしているということです。

上司が「分母を増やせ」と部下全員に号令をかけるのは、「この部署の売り上げ目標に全然達していないから、とにかく売り上げを上げてほしい」というメッセージでもあります。

また、一人呼び出されて、「お前、分母を増やせ」と言われたのなら、「ちゃんと働いて結果を出してこい」という叱責のメッセージととらえるべきです。

多くの人はこのような上司の真意にちゃんと気付いていないから、モチベーションが上がらなくなるのではないでしょうか。残念ですが、形ばかり営業機会を増やしただけで、いつもと同じ結果しか持ってこない部下への評価は「いつも以上に」低くなると思ってください。

反対に、この上司のメッセージを正しく受け取れる営業マンは、これをチャンスととらえます。

特に部署一同にこの指令が出るのは、部署全体で営業成績を上げる必要がある時です。ここで結果を出せば自分の部署のピンチを救うことができ、評価も高まります。こんな時は、理由はどうあれ、無理にでもチャンスととらえましょう。

そして、ヤル気を高める方向に自分のマインドを持っていくべきです。いつもよりヤル気がある営業が分母を倍に増やせば、倍以上の比率で売り上げを上げることが十分可能です。それをやり抜いた営業のことを上司は必ず頼もしく思います。

逆に、分母を増やしても結果が出ない人には、上司は辛く当たったり管理がきつくなったりするので、ますますヤル気が削られる結果となります。

ヤル気は成果に直結しますから、みるみる成果が上がらなくなる。重度の負のスパイラルに陥ってしまう未来しかありません。

だからこそ上司から「分母を増やせ！」と号令が出た時は、「逃げ道はない。とにかく売るだけだ」と腹をくくって、何が何でもヤル気を絞り、結果を出しておくことが正解なのです。

ゴールを駆け抜ける勢いが自分を成長させる

若い営業の方に向けて講演をしていると、「ノルマがきつい」と苦しんでいる人が大勢いることに気付きます。でも、私はノルマをゴールに設定してしまうから、苦しくなるのではないか、と考えています。

私が勤めていた野村證券の別名は「ノルマ證券」。

同業他社の社員やお客様からは、目の色を変えて働く野村の社員が、相当ノルマに苦しんでいるように見えたのでしょう。しかし、実は課せられたノルマは、ほとんどのメンバーが月初の10日間で達成していました。私たちが苦しんでいるように目に映ったのなら、それはノルマではなくて自分が課した目標によってでした。ノルマは、実はほんの通過点にすぎません。

こう言うと「ノルマが低く設定されていただけではないのか」と思われるかもしれませんが、そうではありません。当時の野村證券は、同じくらいの人数の社員が働いていた大和証券、山一證券、日興証券の3社を合わせた利益と同等の利益を上げていました。一社で3社分の利益です。野村の営業たちは月の3分の1でノルマ達成しますから、ほかの3社と同等のノルマが設定されていたはずです。

野村證券という会社は、ノルマなど関係なく、自分の実力のギリギリまで高い目標を掲げるのが社風でした。

最初はなかなか到達できなかったノルマでも、キャリアを経るにしたがって、なんとかクリアできるようになります。この時点までは、野村の社員も他社の営業も力に差はありません。しかし、ここを最終到達点とするか、単なる通過点とするかでその後の成長に大きな差が生まれます。もっと先に進もうと思えば工夫もするし、限界まで行動する気力と体力も必要になります。

ノルマは登山と似ています。東京の高尾山のような標高600メートル程度、老若男女が気軽に訪れる山でも、初めて登ったら意外に疲れます。仮に「月に一度、何としてでも登りなさい」と義務のようにされてしまったら、3度目くらいからは登るのが苦痛に感じてくるのではないでしょうか。

しかし、「次はもっと高い山へ挑戦してみなさい」と言われたなら、苦しい登山の中に楽しみを覚える人も多いと思います。日本アルプスや富士山、マッターホルンやエベレストとどんどんハードルを上げていくと、その分、新しい景色がひらけてきます。少しでも高い山を目指し続ければ、体力がつくだけでなく、戦略性も磨かれます。

低い山では得られない経験値を積むことができます。きつい……けれど、爽快！　という心境になるのではないでしょうか。

仕事のようになってしまうと苦痛な登山も、〝冒険〟になれば心が浮き立つもの。

野村の営業がしていたのはノルマの先の頂点を目指す冒険だったのです。

スランプを恐れる必要はない。まじめに仕事をしている証拠だ

スランプだと感じた時は、あまり神経質になってはいけません。営業はどうしても成果にばらつきが出る仕事です。

「今月はツキがなかったな」とため息を一つついたら、それで終わりにしてしまうくらいのふてぶてしさがあったほうが、スランプに悩む期間が少なくて済むものです。

悩みすぎるとスランプがドロ沼化します。正しいやり方で一生懸命に仕事を進めているはずなのに結果が出ない時、焦るのは当然です。しかし焦りすぎてトークの組み立てに変更を加えたり、話のテンポや言葉遣いを変えたりすると、調子がいい時の自分の営業とどんどん差が出てきてしまいます。そうなると、ますます結果が出ないばかりか、いい時の自分のスタイルに戻そうにも戻せなくなる。要するに、悪い癖がついてしまうのです。

スランプから元の調子のよい状態に戻すには、あえてゆっくりと、手を抜かず正確に、ふだんの仕事をしていくことが、遠回りに見えて一番効果的です。

しばらくの間は、営業のイロハを教わった時を思い出しながら、愚直に仕事をしてみてください。成果は後からついてくると信じることです。

焦りが行動や顔に出ない分、お客様に安心感を与えることができます。とげとげしい雰囲気が薄れるだけでも成果が出やすくなるはずです。

スランプ自体は悪いことではありません。真剣に仕事に取り組んでいるからこそ、思い通りにいかない点が気になり悩む。スランプから抜け出そうと焦りすぎると、成約寸前のお客様を前に慌てて失敗したり、がむしゃらな姿勢でお客様を不愉快な気持ちにさせてしまいかねません。こういうことが続くと必ずツキから見放されます。

スランプ脱出のコツはいったん、欲を捨てることです。

「努力しても努力しても、結果が出ない。どうしても結果が欲しい」という欲が焦りを生むからです。ではどうすべきか？

いつもに増して、お客様第一主義を徹底してください。
これでスランプは必ず解消できます。

スランプを脱出するには、
いつも以上に丁寧に仕事をする
うまくいかないと悩んだり、焦ったりする
手を抜かずに仕事をする
電話を入れる
ゆっくり丁寧に
説明してみる

コツコツと積み重ねた努力だけが結果につながり、ツキを呼ぶ

運は財産と同様に、〝運用〟すればするほど大きくなるものだと私は考えています。また、幸運は平等にやってくると信じています。運のいい人と悪い人の差は、幸運の〝運用能力〟の差にすぎないのです。

40代半ば、私は当時、野村證券で最年少の役員になりました。ほかの人から見ればかなりの幸運に恵まれたと思えるでしょう。しかし、当の本人はそれほど幸運の女神に好かれていたという実感はありません。

学生時代の私は証券会社を志望しておらず、広告代理店か商社に就職するつもりで就職活動をしていました。病気で就職活動に出遅れた友人に付き添って野村證券を会社訪問。人事の人が、「一緒に出席すれば交通費が出ますよ」と言うので友人に続いて私も会議室ま

で行きました。

当時、証券業界は学生にはあまり人気がありませんでした。人事の人たちの「これからは証券の時代だ」という話を聞き、結果として入社したのは友人ではなく私でした。

入社したての頃は「えらいところに入ってしまった。すぐに辞めたい」と嘆いていました。「株屋は帰れ！」と、営業先から水をまかれることさえある日々だったからです。大学の恩師に「一度、証券会社に入ると踏み切った以上、思い切ってやれ。それでも嫌なら、仕事などそんなものだと割り切ってやりたまえ」と言われ、なんとか踏みとどまったのですが、その言葉がなければ、多分1年を待たずに辞めていたでしょう。

その後、石にかじりつくような努力を続けた結果、20年後に取締役に抜擢されたのです。幸運とは小さなきっかけにすぎません。私も大学の恩師の言葉という幸運がなければ、努力を続けることもなかったし、最年少取締役になるような栄誉も得られなかったはずです。

運を上手に運用する能力とは、実は「努力」をコツコツと貯金していく能力なのです。努力を重ねたからこそ悪運さえも幸運に変えることができたのでしょう。

ツキが欲しければ歩き回りなさい

営業という仕事において、ツキに恵まれる方法を私は一つだけ知っています。営業すればするほどツキにも出合える、そのようなコツです。

野球でスイングしなければヒットは打てないし、サッカーでシュートしなければ点は入りません。宝くじだって買わなければ当たりません。

営業は動き回らなければ、大きなラッキーには出合えません。

「なんだ、結局は営業機会を増やせという話か」と思わないでください。それとはちょっとニュアンスが違うのです。

私が法人営業をしていた30代の頃、このような経験をしたことがあります。

あるお客様に資料を渡した帰り道、突然の夕立にあいました。ちょうど何年か前に飛び込み営業をしたビルがあったので、そこのロビーで雨宿りさせてもらうことにしました。

せっかくの機会なので受付まで行って、

「社長はいらっしゃいますか？」

と聞くと、受付の方が、

「社長室でお待ちしております」と取り次いでくれました。部屋に通されてドアを開けるやいなや、

「ちょうどよかった！　実は子会社を処分しようと思っていたのだが、税金はどうなるのか、詳しい人に聞きたかったところなんだ」

と、その社長が言ってきたのです。

私の知識ではおいそれと答えられない内容だったので、日を改めて税務に詳しい同僚を連れて訪問したところ、とても感謝されました。それ以来その社長は私の最大のお得意様になってくれました。

あの雨の日、コンビニエンスストアで傘を買ったり、喫茶店に飛び込んで雨宿りをして

いたら、このような僥倖には恵まれなかったはずです。

ちょっとひと足延ばしてみよう、どうせなら声をかけてみようという気持ちが、ツキを呼び込んだのです。


営業していてほかの同僚たちはツキに恵まれているのに、自分には全然いいことがないと思うのなら、「自分は歩き足りないのだ」と反省してください。

「今日中に、もう一本電話をかけてみよう」

「帰り道に気になるお客様がいるから、ちょっと寄ってみよう」

と、ほんの少し努力を追加してみてください。

そのような姿勢で一つ一つ積み重ねていけば、思いがけないツキが向こうから舞い込んでくるはずです。

第5章

お客様が途切れない営業が見えないところで続けていること

〝うるさい〟お客様ほど実は意外と接しやすい

お客様の中には、注文や要求が多く、うんざりさせられてしまう人がいます。ついつい敬遠してしまいがちですが、実は〝うるさい〟お客様ほど勉強させていただける方になるのです。

そのことに気付いたのは、次のような経験をしたからでした。

——いつも細かいことを言ってきて、何度も商談が滞る社長のところへ野村證券主催のパーティの招待状を手渡しに行った時の話です。私の目の前で招待状を開封した社長は、

「津田さん、今日はどんな日なのか知っていますか？」

と問いかけてきました。

社長の真意を測りかねた私は「と言いますと？」と返事をするのが精一杯でした。

「今日は仏滅じゃないか。案内状の日付だって○月吉日と書いてあるじゃないか」

と言いながら、社長は招待状を突き返してきたのです。

忙しい中で時間をつくって訪問した私は、さすがに不満に思いました。その日以降、「もうこの社長と付き合うのは無理だ」

とその会社への足も遠のいてしまいました。

ところが、その社長と没交渉になっていることを、どこかで聞きつけた前任の先輩が、私に電話してきました。

「あの社長は変わっているけど、筋の通らないことは言わない人だ。礼儀作法を教えてくれる先生だと思って接するといい。まぁ、確かに口うるさいところもあるけれど」

先輩にそう言われてみると、確かに案内状の日付が吉日と書いてあるのに、仏滅に渡した矛盾を指摘してくれたことに気付きました。黙って受け取ってもいいところを、わざわざ小言にして、私に伝えてくれているのです。

それなのに私は、自分の都合で手渡ししようとして突き返され、腹を立てていました。自分のことばかり考えて、お客様の気持ちや状況を無視していたのです。

考え直してみると、この社長に限らず一言二言言ってくるお客様は、実は意外と接しやすいのかもしれないなと思えるようになりました。

ほかの人は黙っているような場面でも口に出して指摘してくれるので、常に「自分はこうしてほしい」という「ニーズ」を発信しているわけです。むしろ、無口な人やポーカーフェイスの人のほうが心の内がわからない分、接し方に苦労します。

とはいえ、リクエストの多い人を相手にしていると面倒に思える瞬間はあります。そんな時には「これも勉強だ」と思うことにしていました。それだけでもお客様との距離感は縮まるものです。そして、積極的に付き合っていれば、次に同じような人と会っても対処に困らなくなります。

往々にしてこの手のタイプのお客様はほかの営業からは敬遠されがち。競争相手が少ない上に、一度納得してもらえれば筋の通った取引やお付き合いをしてくれるので、懐に入るコツをつかんでしまえば、大きな成果を上げることもできるのです。

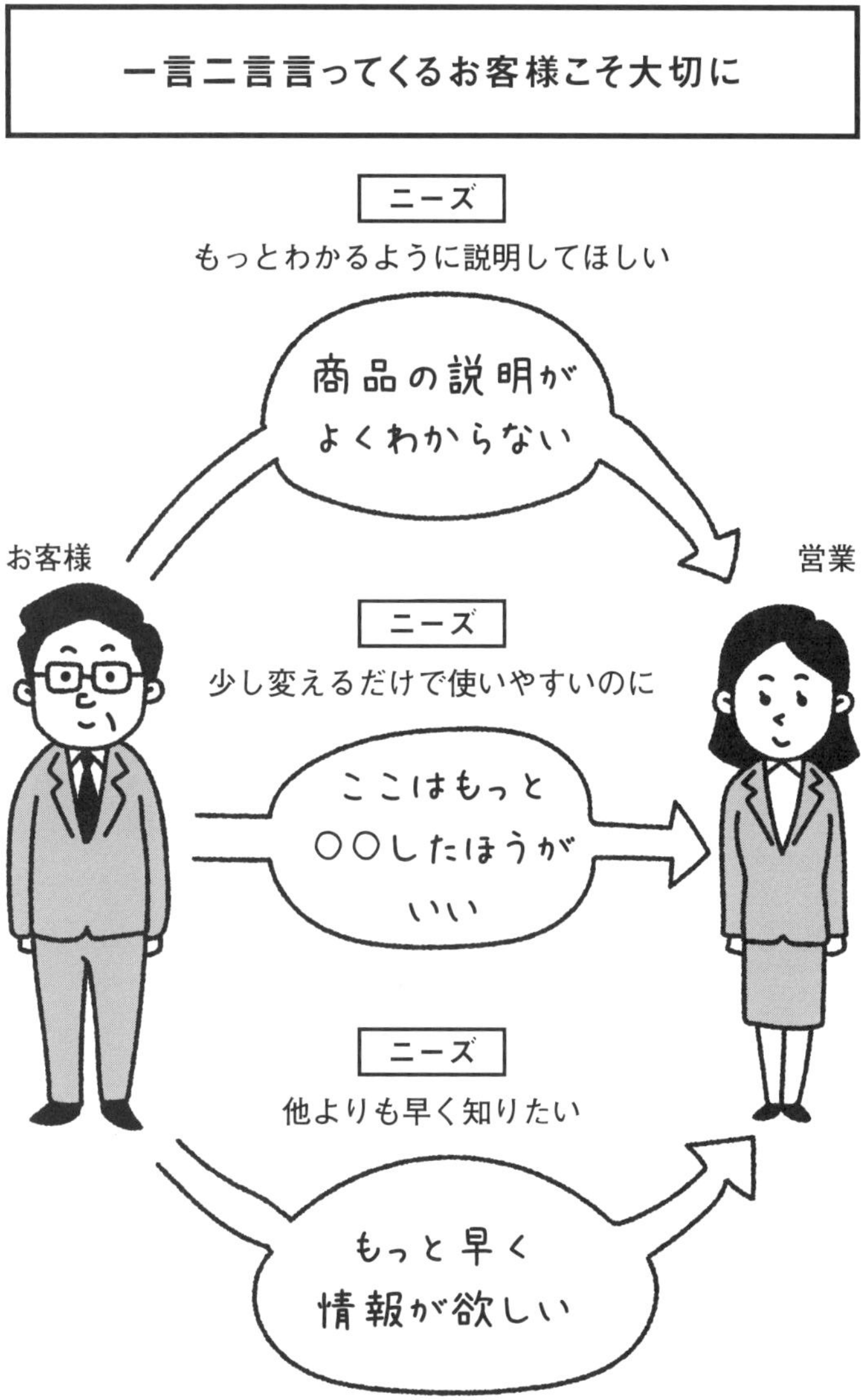
一言二言言ってくるお客様こそ大切に
ニーズ
もっとわかるように説明してほしい
商品の説明が
よくわからない
お客様
営業
ニーズ
少し変えるだけで使いやすいのに
ここはもっと
○○したほうが
いい
ニーズ
他よりも早く知りたい
もっと早く
情報が欲しい

「お客様からの紹介」はハイリターンだがハイリスク

お客様から紹介を受けて、新しいお客様を獲得していく営業スタイルは効率的です。飛び込み営業では門前払いされるところでも、「○○さんの紹介なら」と話を聞いてもらえるでしょう。

その上、紹介者から、新たなお客様がどんな人なのかをリサーチしておくことができますから、前もってその方のニーズに合わせた商品をイメージしお薦めする準備をすることができます。

紹介していただくと、お客様の信用を得るという手間が最小限で済みます。成約率も飛び込みに比べてかなり高くなるはずです。ですから、紹介でお客様になってくれた人がさらにお客様を紹介してくれて、という好循環を維持できれば、次々にお客様を増やすことができるのです。

売り込みしやすく、成約率も高いお客様がどんどん増えていく――営業にとってはまさに夢のような話です。しかし、私は紹介によってお客様を増やしていくスタイルがそこまで得策だとは思えません。

紹介のお客様というのはどうしても自分のペースで訪問しにくくなります。自分で開拓したお客様なら、買ってくれる見込みの少ないお客様の訪問回数を調整したり、極端な話、訪問することをやめてしまうこともできます。

しかし、人を介していると、相性があまりよくないお客様とも、きちんと付き合っていかなくてはなりません。

アポイントも紹介者が取って、「○日の○時に来て」と先方の都合を優先するので、スケジュール調整に苦労することも多くなります。お客様が多くなってくると、これが案外、面倒なのです。

そして、最も怖いのが、トラブルが発生した時です。一人のお客様と関係をこじらせると、紹介していただいた方との関係にもヒビが入りかねません。

紹介によるお客様のネットワークは交友関係とほとんど同じですから、誰かの機嫌を損ねたり大きな損失を出させてしまったりすれば一気にお客様がなくなることもあるのです。

１００人のお客様のうち１人の対応を誤ると、残りの99人にもあまりいい印象を持っていただけなくなるという可能性も出てきます。

そう考えると、紹介に頼る営業スタイルは、実はかなりハイリスク・ハイリターンではないでしょうか。

もちろん、紹介による営業まで否定はしません。

扱う商品やターゲットによっては紹介による顧客拡大が効果的な場合もあるでしょう。ですが、紹介に頼る営業を営業の中心として考えることはせず、自らお客様を開拓することを中心とした営業を私はお勧めします。

紹介を受けたお客様だけに頼らない

自ら、新しいお客様を開拓することも大切

大きな失敗をしても お客様が離れない人の共通点

証券会社の営業がほかの業界の営業と大きく違うところは、お客様に大損させてしまう可能性が常にある点です。もちろん大きな損失を出させてしまって、それっきりになってしまったお客様はいます。しかし損させたにもかかわらず、その後も取引を続けてくださるお客様もたくさんいます。失敗してもなお、私を信じてくれたお客様がいたことを私は誇りに思います。

同僚や先輩を見て、損失を与えてもなお、お客様との関係が続いていく営業には共通点がありました。

❶役に立つ商品を提案していること

❷役に立つ情報を提供していること

❸役に立つプランの提示をしていること

彼らはこのたった3つの、営業としてはごく当たり前のことをしているのです。

しかし、これができていない人は証券会社の営業だけではなく、どの業界でも意外に多いのではないでしょうか。

❶ができていない人というのは、極端に言えば6人家族に2人乗りのスポーツカーを売ろうとしたり、独身なのに2世帯住宅ばかり薦めたりするような人です。

お客様にとってオーバースペックなものでも、自分の売り上げを上げたいがために高い商品を薦める営業は珍しくありません。売る側の都合ばかり押しつける商談では、たとえ購入に至ってもお客様のほうは「売りつけられた」という気持ちを持ってしまいます。

営業はお客様が抱える問題を解決するのが仕事です。たとえ売り上げが減っても、お客様が買ってよかったと思える商品を提案するほうが、細くても長いお付き合いができます。

❷に無頓着なケースは非常に多いと思います。よく見かけるのが自分に都合の悪い情報を開示しない営業。嘘はついていないが悪い情報を伝えない、そのような人たちです。

当人はうまく立ち回っているつもりでも、後々お客様がそのマイナス情報にどこかで触れた時、必ず騙されたと思うでしょう。最終的な、「買う、買わない」の判断はお客様がすることです。マイナス情報を隠すことでその判断を意図的に狂わせているとしたら、それは、嘘をついているのと同じことです。

❸は買ってもらいたい商品がお客様に「いい買い物をした」と思ってもらえる。そんな提示をすることです。お客様のニーズに合ったプランを提示して、商品を買っていただいた後もフルに活用する方法を知ってもらうのです。しかし、この提示を怠っている人があまりにも多い。「あとはパンフレットや説明書を読めばわかりますよ」と成約を急いでは、お客様の購入後の満足感が低くなりかねません。

いずれも基礎的なことですが、この3つについて、多くの営業はしっかり実践できていないのではないでしょうか。この方法は1人のお客様に時間がかかりますし、短期的には決して効果が上がるやり方ではありません。しかし、これをしっかり実行できる人はお客様に信頼され、リピーターが増えていきます。スタート時点では遅れ気味でも、やがてどんどんお客様を増やして、何年か後にはエース級の営業になれる人です。

どんな状況でもお客様との関係が続く営業とは

時間がかかっても、お客様としっかり向き合う

最終的に目指すべきゴールはお客様とともに栄えること

「お客様とともに栄える」というのは、野村證券の社是であり、営業の基本、ビジネスの大原則であると私は考えています。お客様が栄えればより大きな商いができますし、お客様のマイナスが続けば、お金をいただくのは難しくなります。営業としても当然、お客様の生活を壊してしまうような仕事をしないことが求められます。

日本では古くから「顧客とともに栄える」という考え方が存在していました。近江商人の「売り手よし、買い手よし、世間よし」の「三方よし」という考え方などは、まさにその典型です。

この考え方は、江戸時代の麻布商の中村治兵衛の遺言が原典だと言われています。そこに、「売り手だけではなく、買い手も納得し、さらには地域の発展につながる商売を目指すべきだ」という理念が語られていて、後にこのことを「三方よし」と呼ぶようになり、日本中に広まっているのです。

近年、「グローバル化」という言葉とともに、欧米の合理的な経営手法が日本にも浸透してきました。利益を合理的に追求することこそ正しいという考え方です。

株主の利益が最優先され、従業員は成果主義の実力優先。

その上、人員の増減が弾力的に行えるように契約・派遣社員を多用するといった企業が増えてきました。

合理的な経営手法は、短期的には効果が上がるかもしれませんが、長く企業を繁栄させることができるかどうかは疑問です。なぜならば、それは「自社一方よし」の文化にすぎず、お客様や環境は二の次になっていることも少なくないからです。

このような企業文化の中にいると、営業は「売れればいい」という思考に染まってもおかしくありません。ともすれば、

「儲けることが正義だ」

「法律に抵触しなければ何をしてもいい」

という姿勢で「略奪的」な営業をする人も出るかもしれません。

極端に自分や自社の利益を優先して、お客様のことを二の次にする営業スタイルは、現代社会では理にかなっているのかもしれません。しかし、そのような仕事ぶりでは、いつまでたっても、営業の本当の面白さを知ることができないのではないでしょうか。

お客様も喜び、自分も役に立てたうれしさと利益を得る、それこそが営業の面白さだと、私は思います。

東京商工リサーチによる全国老舗企業調査によると、2017年に創業100年を超える企業が日本に3万3000社以上存在するそうです。

これは世界一の数です。

三方よしの理念が、我々のDNAの中に組み込まれている結果とも言えます。欧米の中でも、比較的従業員やお客様、取り巻く環境にも配慮する傾向があるドイツでも、100年以上続いている企業は数千社にすぎません。

営業個人も同様だと思います。

お客様のために尽力し、自分もお客様も利益を得ることを目指せば、喜びを持って営業を続けられるはずです。

しかし、自分の利益を優先しすぎる人は、お客様からそっぽを向かれます。それでは、利益を上げ続けても、虚しさしか残らないのではないでしょうか。

「あの人は素晴らしい営業だ」と言われる人は、「顧客とともに栄える」という気概を持っているものです。

たとえあなたが利益優先の職場にあっても、「顧客とともに栄える」という気持ちを常に持つべきです。

お客様を満足させ、自分も納得の取引をすることができる人は、必ず利益を上げることができます。そうすれば、自分もお客様も会社もすべてよしの三方よしですから、企業もその人のことを認めざるをえないはずです。

苦手なお客様を前にしたら無理にでもいいところを見つけ出す

どんなに優秀な営業でもお客様との〝相性〟があります。

何度か会う機会をいただいていく中で、お客様によって話をしやすい、会話が続けにくいというような、「得意なお客様」「苦手なお客様」が出てくることは、仕方がないことかもしれません。

苦手な理由は、

「買いそうな様子を見せるのに買ってくれない」

「話が長いけれど、次につながりそうにない」

「クレームが多い」

など自分でもわからないが、何となく相性が合わないといったケースもあるでしょう。

お客様に対して苦手意識があるとどうしても訪問の足は遠のきますし、売り込みに関しても真剣になりにくいものです。

人間、誰しも馬が合わない相手はいるものです。

しかし、優秀な営業ほど、そのような相手にもほかのお客様と変わらない接し方ができるように努力をしています。


私は、できるだけ本心を押し隠して接しようとしても、態度に出てしまいそうでうまくいきませんでした。窮屈な気持ちでお客様と接していると、よけいに意識してしまうのです。むしろ、積極的に相手のいいところを探すことで、苦手意識を振り払うように心がけていました。いいところに目を向けると、のびのびと営業トークを展開しやすくなり、ポジティブな気持ちになります。すると、会話にも自然とリズムが生まれます。


お客様のいいところを見つけるコツは、苦手だと感じる部分に注目することです。実はお客様の〝ちょっと苦手〟と感じる部分が、いいところに変わるケースが多いのです。

たとえば、優柔不断なところが見受けられるお客様は、「慎重な方なんだな」と心の中で言い換えてみる。それだけでイライラする気持ちがおさまるものです。

もう一つ心がけていたことは、どんなに苦手なお客様でも、自分にとって不利となる情報でも隠さず開示し、利益に即した提案をするということです。

「お客様のいいところを積極的に見つける」

「どのようなお客様にも、不利になる情報も含めて、包み隠さずお伝えする」

この二つをしっかり実行してさえいれば、お客様に失礼な思いをさせることはなくなるはずです。

むしろ、「誠実に対応してくれますね」と言っていただける経験がどんどん増えていくでしょう。

きちんと仕事すれば感謝されることがわかると、苦手なお客様に対してもほかと変わらない接し方ができるようになります。

会話が続けにくい……など
苦手なお客様こそ、もっと知ろうとする努力を
買いそうなのに、
なかなか
買って
いただけない
なかなか
こちらの話を
聞いて
いただけない
すぐに
判断せず、
慎重に
決断を
下したい方
伝えたい
ことがあって、
会話をして
一つずつ
納得したい方
「何となく相性が悪い」で済まさずに、
お客様のいいところを積極的に探す

社長と仲よくなれば
うまくいくと思わない

私は、法人顧客向けの営業を長く担当していました。対法人の営業は、一軒の営業先で複数のお客様を相手にしなければならない難しさがあります。会社が相手なので、社長、専務、常務、部長に課長と、いろいろな立場の人が関わってくるからです。

「決裁者を押さえる」と営業の世界ではよくいわれます。

法人相手の営業なら「社長を押さえれば、決まったも同然だ」と、社長に力を入れて営業をかけるのが一番だと考える人が多いでしょう。しかし、意外にも、この考え方で失敗するケースが出てくるのです。

取引先の社長に気に入られるのは営業としてうれしいものです。

決裁者である彼らの心をつかめば、営業は簡単だと思えるからです。しかし、あまりにも社長と親密なそぶりが見えると、その会社の直接の担当者や役員に反感を持たれることもあるのです。特に、ゴルフに行ったり、飲食を共にするようになると、彼らはそのことを敏感に察知します。

いわれのない噂話を社長の耳に入れられたり、ご注進と称して粗探しをされたりと、手を替え品を替え、妨害工作をされてしまうことにもなりかねません。

その結果、とんとん拍子に進むはずの商談も、頓挫してしまうのです。

社長の部下たちに、あなたが社長室を訪ねるたびに、

「俺たちには、あいさつもなしか」

と思われていないか、一度、胸に手を当てて考えてみるとよいでしょう。

「面倒くさいという考え」を乗り越えれば一流として認められる

営業に限らず、プロ意識の高いビジネスマンは一様にマメさを兼ね備えています。才気あふれスマートに仕事をこなすタイプも、泥くさく物事に当たるタイプも、仕事に関しては妥協をしません。

小さなことでも頼まれたことは必ず約束を守り、お客様の顔に一瞬浮かぶ小さな不安の表情を読み取り、先回りして対処することができる人たちです。彼らが持つマメさの本質は、「思ったことを行動に移すことができる能力」であると私は分析します。

アイデアマンなのに、うだつが上がらない人や、自他ともに理論家として認められている割に人望がない人がよくいます。そういう人たちは、頭で考えたことを実践できないという共通点があります。

ビジネスの世界では結果がすべてです。

結果をもたらすためには、実践が必要となります。どんなに素晴らしい思いつきでも、実践を伴わなければ結果を導くことは不可能です。

実はビジネスマンの優劣を決めるのは頭脳ではなく実践する力、つまり思ったことを行動に移すことができる能力なのです。

そう考えると、優秀なビジネスマンとそうでない人の差を生むのは、「面倒くさいという考え」を捨て去ることができるかどうかであることに気付くはずです。

「これをやれば、お客様が喜ぶに違いないけど、面倒だな」

「今の業務に加えて、一日一軒でも新規開拓の努力をすれば成績は上がるかもしれないけど、まあ、いいか」

「現行の仕事のシステムには欠陥があるけど、どうせ上司は取り合わないからこのまま我慢しておくか」

このように、せっかくのいいアイデアなのに、逃げ道を自分の頭の中で考えて否定してしまう――それが「面倒くさいという考え」なのです。

面倒くささをすぐに感じてしまう心を乗り越え、マメな人間になるためには、実践を心がけて成果を積み重ねていくしかありません。グッドアイデアを披露して、周囲の人々に感心してもらって、それで満足している間は「面倒くさいという考え」を払拭することは不可能です。

それには覚悟が必要です。しかし、面倒くさいことを実行するからこそ、人さまからお金をいただけるということを忘れてはいけません。

まず、「お客様との約束は絶対守る」「与えられた課題には全力で取り組み、納期を厳守する」「トラブルを他者に責任転嫁せず、自分の手で解決する」の3つを実行することから始めてください。これだけでも、仕事に必要なマメさが養われます。

1年もすればお客様から信頼されるだけでなく頼りにされている実感が生まれるはずです。苦しい道かもしれませんが、すぐに効果は表れ始めるでしょう。

「面倒くさい」という感情を乗り越え
何事にもマメに対処していく

コツコツと積み重ねることが
お客様からの信頼につながる

売れない時ほど積極思考で乗り切る

仕事やノルマに追い詰められている営業は、必ず売れなくなります。思うように売れないのが原因で追い詰められるわけですから、その原因が消えるどころかどんどん大きくのしかかってくると、よけいに追い詰められてしまう。まさに負のスパイラルです。

私自身、何度もそのような立場に立たされた経験があります。そのような時には「強風に揺れる柳の木」をイメージして、苦境から脱出したものです。

追い詰められた時、逆風に耐え忍んでいても折れるだけです。できない理由、売れない理由ばかり考えて自分を曲げないままでは、やがて限界に達して心が折れてしまうのです。しかし、折れる前にしなることをイメージすると、いろいろな可能性が思い浮かんでくるものです。

強風にもてあそばれる柳の木は、大きく動きます。自分も負けずに大きな動きをしていこうと考えると、マイナス思考に巣食われていた心が不思議とプラス思考に変わっていきました。

「折れさえしなければ何とかなる」

「別の道を通れば、まだ可能性があるかもしれない」

「一からやり直してもいいじゃないか」

「ダメでもともと。臨機応変にいろんなアイデアを試してみよう」

このような考え方に変わると、縮こまっていた体も動くようになり、じきに結果も出てくるのが常でした。


お客様の立場から考えれば、追い詰められた営業から買いたくないのは当たり前です。人は自分が思っている以上に、その人がまとう雰囲気をしっかりと読み取ります。負のオーラに包まれた営業は、疫病神のようにしか見えないはずです。ですから、追い詰められた営業は、まず積極思考、プラス思考に頭の中を切り替えるべきです。

「できない理由を探す」から「できる方法を考え、実行してみる」に心をシフトチェンジすることが必要なのです。問題解決のために行動しているという意識があると、多少なりとも表情が明るくなるものです。

そのような明るさをお客様は敏感に見て取りますから、成約に至る確率も上がります。自分が考えた「できる方法」が少々的外れでも、行動することさえできれば、徐々にプレッシャーから解放されていくでしょう。

柳の木のイメージはいささか個人的すぎるかもしれませんが、マイナス思考に陥った自分の心をプラス思考に変えるきっかけを見つけておきましょう。

詩や名言、漫画や音楽、何でもかまいません。

あなたが追い詰められた時や、落ち込んでいる時に心を燃え立たせ、体が自然と動き出すような、きっかけとなるアイテムを探してみておくのです。

そして、二度、三度と窮地を脱出することに成功すれば必ず強い自信となります。その頃には、営業に必要な「打たれ強さ」が、いつの間にか身についているはずです。

追い詰められた時は、しなやかな柳の木をイメージしてみる

強風にあおられるような辛い時でも、
「一からやり直してみる」「いろいろなアイデアを試す」など
しなやかにプラス思考に転じてみる

第6章

部下がどんどん成長する
リーダーが
心がけていること

人材は多種多様であってこそダイヤモンドの輝きを放つ

野村證券の中興の祖、奥村綱雄元社長は「ダイヤモンド経営」という言葉で会社のあるべき姿を説明していました。

「ダイヤモンドという宝石は、中央の、テーブルでいえば天板部分の大きな面を囲んで、たくさんの小さな面が多角的に集まるようにカットする。だから、底知れぬ光を放つ。会社経営も、またこうでありたい。一人の独裁でもいけないし、多数の悪平等でもいけない。個が集まってすべてを形成するが、個はすべてあっての個であり、個あってのすべてではない」

ダイヤモンドは同じ面を並べて光っているわけでなく、小さな面や大きな面、斜めにカットされた面が寄り集まり、入ってきた光が屈折し、反射を繰り返して輝きを放ちます。会社も同じで、たまに大きな仕事を取ってくる人もいれば、コツコツと地道に努力を重ねる人もいます。へそ曲がりもいれば平凡すぎるほど平凡な人もいる。そのような、いろいろな「面」が集まって成り立っているのです。

奥村元社長のダイヤモンド経営は、そういう社員一人一人の個性を認め、評価しようというものでした。

しかし、個人個人がバラバラでは決して大きな光は放たれません。社員一人一人がそれぞれの役割を理解し、有機的に行動することで一体となる経営が実践される必要があります。そのために重要になるのは、会社の理念や目標を共有することです。

私は30代の時、そのダイヤモンド経営について社外の日本ユニバック（現・日本ユニシス）の方からうかがう機会がありました。

1955年、野村證券は日本の金融機関としては初のオフィスコンピュータを導入しました。当時のコンピュータは、トランジスタではなく真空管を使った電子回路で、重さは約2トン。社内への搬入は、社屋の2階の壁を壊して、屋上からクレーンでつり上げて搬入したそうです。

そのような「大きな買い物」ですから、日本ユニシスの担当者も、わが社のいろいろな部署にコンピュータシステムの説明のために、何度も足を運んだのです。

「秘書室、総務部、経理部……。打ち合わせのためにいろんな部署に説明しに行きました。するとどの部署に行っても『コンピュータを導入すると、現場の営業にはどんなメリットがありますか?』と聞かれるんです。経理の方に『20人で8時間かかっていた作業が、1時間で済むようになります』と説明すると『それはいいけど、営業にはメリットあるの?』と言われました。ここまで全社員の視点が営業に集中している会社は、その後もなかったのが印象的です」と、その彼が伝えてくれました。

ほかの会社では、自分の部署が楽になるかどうかしか尋ねられないことが多かったそうです。証券会社は株の売買の手数料が収入の元となります。開発や製造の工程がありません。営業を助けることがお客様へのサービスになることを、社員一丸となって理解しているため、野村證券ではどの部署も営業のメリットを最優先したのです。

強い組織というのは、最優先事項が共有できている組織です。あなたがリーダーになった時に最初にすべきことは、目標や理念を掲げそれを周知徹底させることです。

**会社のメンバー一人一人が
それぞれの役割を理解しているか**

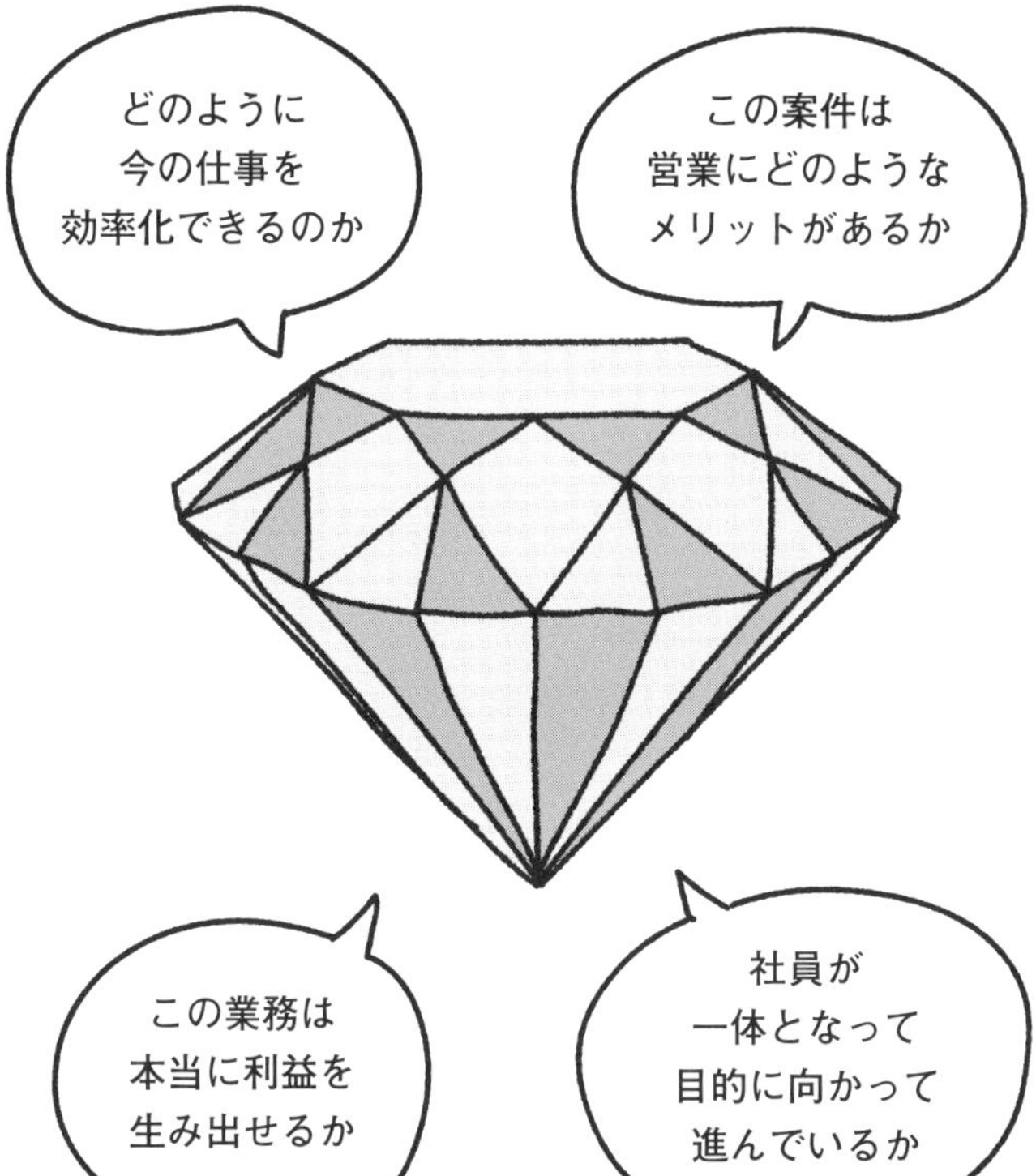

**リーダーは、どのような環境でも
結果を出す組織をつくるために
メンバーの心を一つにまとめなければならない**

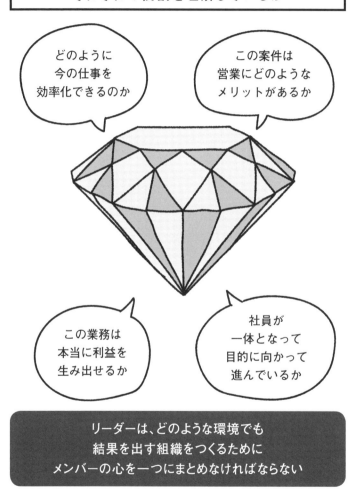

リーダーならば現場、現物、現実を常に見る

本田技研工業の創業者・本田宗一郎氏が仕事に取り組む社員たちに求めたのは、「三現主義」でした。三現とは現場、現物、現実のこと。問題が発生した時には、この3つの〝現〟を重要視して行動することが早期解決には必要だという考え方です。

三現主義は、本田技研のような製造業に限らず、広く一般の営業にも求められることだと私は考えています。「まず現場に行くこと、そして現物を見ること、その上で現実を知ること」。この3つはトラブルが生じた時、徹底されるべきなのです。特にリーダーという立場ならなおさら、三現主義を忘れてはいけないと確信しています。

たとえば、使っている製品に不具合が生じたとお客様からクレームが入ったとします。

担当者がお客様のところへ急行し、不具合のある製品を実際に見て、現実に即した対応をするのは当然です。営業はセールスマンと同時にサービスマンでもありますから、こういうケースでは素早く行動するに限ります。

ところが、ひとたびリーダーの立場になってしまうと、この三現主義がおろそかになりがちです。クレーム対応に当たった部下に現場の報告をさせてそれで終わりにしてしまう人が少なくないのです。しかしそれでは、その先何度も同じトラブルが繰り返されてしまうことになりかねません。

クレームやトラブルが発生した時は、担当者だけでなく上司も必ず現場へ出向いて、現場の人の話を聞き、トラブルを起こした現物を確認し、現実を見た上で根本的な解決方法を策定する――このような姿勢が大切になります。

なぜなら、担当者だけでなく上司が同行するほうが、お客様にも圧倒的に納得してもらいやすくなるからです。実は、お客様側に落ち度がない場合、現場の担当者だけが謝罪をしても、なかなかお客様の気は晴れないケースが非常に多いのです。

いつもの担当者に怒りをぶつけてみても、クレームの原因が解決する確証は得られないのも一因です。

しかし、怒りの理由はそれだけではありません。

「上司に報告もせず、内々に済まそうとしているな」

とお客様は考えているからです。つまり、お客様の心の中は、直接の担当者への不信感でいっぱいなのです。

しかし、上司を同伴して現場に現れれば、

「解決に向けて努力しているのだな」

と、逃げずに事態の収拾に動きだしている姿勢を見てもらえます。

責任者である人間が現場のお客様のもとに参上すれば、お客様のほうも怒りを静めて、冷静に善後策の話し合いをしようという気になる可能性が高まります。

このような理由から、リーダーである上司は、部下に問題が発生した時は自分も三現主義で臨むべきなのです。

問題が発生した場合、
リーダーはとにかく今の状況を確認すべき

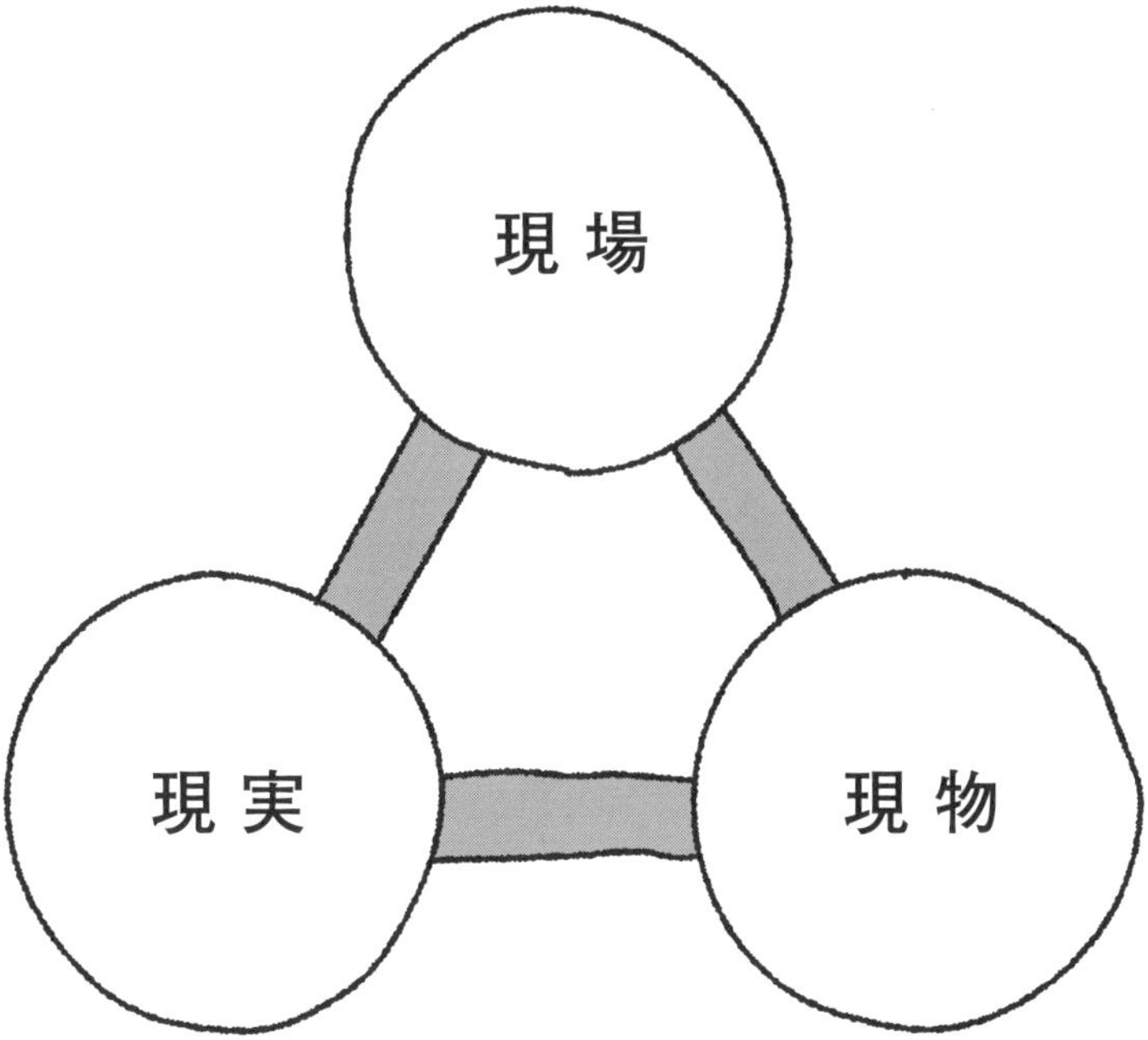

組織と現場にズレが生じた時、
お客様からクレームが寄せられた時など、
「三現主義」は事態を解決に導く基本となる

部下には4種類の人間がいる。タイプに合わせて対処する

会社には4種類の人間がいます。

- **できる人　仕事ができる上に協調性がある人**
- **いい人　仕事はそれほどでもないが、協調性が抜群な人**
- **一匹狼　仕事はできるが協調性を持たない人**
- **ダメな人　横着者で仕事もできない上に、協調性もない人**

あなたがリーダーだとして、部下ができる人ばかりなら、仕事は楽でしょう。いい人も使う側の立場だと気が楽です。指示をすれば、その通りのことをやってくれるので案外頼りになるからです。問題は一匹狼とダメな人。部下全員がどちらかのタイプばかりだとか

なり根気が必要になるでしょう。
リーダーならば、比率はどうあれ、これらの4つのタイプの人たちを統率し、成長させていかなければなりません。

4つのタイプの人たちを、マトリックスに当てはめると189ページの図のようになります。するとこれはボストン コンサルティング グループのPPM（プロダクト・ポートフォリオ・マネジメント）分析表とよく似ていることに気付きます。

PPMの事業管理法にそって4タイプに仕事を割り振ったり、成長の方向性を示せば、自分の組織を強い組織に育てていくことができます。
たとえば「キャッシュカウ」に対応される「いい人」は、現段階で最も儲かる仕事に従事させます。「スター」である「できる人」には経費を使ってもいいから成長の希望がある分野にチャレンジしてもらう。

事業において「クエスチョンマーク」はスター候補生でもあります。実は「一匹狼」タイプも何かのきっかけでできる人タイプに変身できる可能性を持っていますので、粘り強くチームワークの大切さを説いていくことが必要でしょう。

「負け犬」は事業では撤退の対象です。しかし、他社が撤退するとキャッシュカウに昇格できる可能性があります。

「ダメな人」も同様です。能力がある人やバリバリ仕事をする人と同じ土俵にいるから、負け犬根性が助長されてしまうのです。比較の対象がなければ、いい人タイプに生まれ変わるケースがあります。たとえば、ニッチな仕事の責任者に据えるなどの思い切った方法をとることで、プライドに火がついて働きぶりがガラリと変わることもあるのです。

どのタイプも自分と同じ会社にいるということは、少なくとも入社の段階では誰もが利益を生む社員になれる可能性があったということです。その可能性を引き出すことがリーダーの務めです。

リーダーは、いずれのタイプも
統率して成長させなければならない

できる人

（Star ＝花形）

一匹狼

（Question mark ＝問題児）

いい人

（Cash Cow ＝金の成る木）

ダメな人

（Dog ＝負け犬）

「一匹狼」や「ダメな人」もきっかけ次第で
生まれ変わるケースがある。
部下の可能性をいかに引き出すかがカギとなる

部下を自分のコピーにしようとしてもいい組織にはならない

教えるという意味の英語の「ティーチ」と「コーチ」には、大きな差があります。ティーチャーはゼロからものを教えるのが仕事ですが、コーチャーはその人のよさを引き出すのが務めです。

役職がついて上司となった時、仕事のやり方やコツを部下に教えようとする人がほとんどでしょう。しかし、意識して部下のよさを見つけ出し、そのよさを伸ばしていこうと心がける人は少数派です。むしろ、「部下は公平に扱わねば」「自己流の仕事をされてはやっかいだ」「会社のマニュアル通りに動く社員になってもらおう」など、いろいろな思惑からコーチすることを控えている上司も多いものです。

部下の内面にまで立ち入ったアドバイスをすることは、現代では難しくなっているのも事実です。昔なら「お前はしゃべり方がとろいから、慌ててしゃべるよりも、むしろゆっくり話したほうがいいぞ」と言えば済んだことも、今の若者は「とろいと馬鹿にされた」とパワーハラスメントとしてしか受け止めてもらえない可能性もあるのです。

それでもなお、私は、部下のよさを100％引き出すコーチングは上司の義務だと信じています。「ティーチはするが、コーチはしないというリーダー」では組織の力をフルに発揮させることができないからです。

かく言う私も、初めて部下を持った時は、自分と同じような働きを部下がしてくれないことにイライラしたものです。当時は部下が自分と同じ働きをしてくれれば、成果は必ず上がると信じていました。ですから自分のやり方を教え、自分の考え方を伝えようとしたのですが、どうも思わしい結果は出てきません。

そんな時に知ったのが、1978年から野村證券の社長を務めた田淵節也さんの「美点凝視」という言葉でした。「全員参加の経営」を心がけていた田淵さんは、「部下の悪いところを気にしていたら嫌いになるだけだ。長所や美点を見つけて、そこを見ておけ」と説いたのです。それを4文字に集約させたのが美点凝視――田淵さんの座右の銘でした。

上司はマナーや話し方の基本を教えることができても、その先は営業マン自ら「自分なりのやり方」を見つけ出し、発展させていかなければなりません。口下手なら口下手なりの、大雑把なら大雑把なりの営業術を会得して売り上げを上げればいいのです。

美点凝視の言葉でこのことに気付いた私は、部下のいいところを探し出し、お客様を不快にさせる恐れがない限り欠点を咎めないことを心がけました。

すると、それまでの自分の物差しではダメだと思っていた部下も、みるみる好成績を上げるようになったのです。

このような部下の育成を数年間続けてみた結果、「この組織は強い」と実感できました。それぞれの長所を伸ばしつつ、一人前になった部下たちが構成する組織は多様性を持ち、異なった価値観を持った者同士が切磋琢磨するため非常に活気があり、逆境にも負けない力強さを持っていたからです。

もし私が、自分のコピー人間ばかりつくろうと腐心していたなら、価値観が私と合わない人は辞めたり、ヤル気をなくしてしまったでしょう。

エース級の営業マンが管理職に就いた時、組織が弱体化することがあるのも、実は自分のコピーをつくろうとしすぎることが原因であることが多いのです。

部下の成果をほめず、努力や進歩をほめたたえる

日米球界を代表するスタープレーヤー・イチロー選手は「少しずつ、前に進んでいるという感覚は、人間としてすごく大事」と言っています。

私もこの言葉には大いに同感です。

自分自身もスランプに陥った時や壁に当たった時に、意識的に新人時代のことを思い出して、「あの頃は100軒飛び込みをやってもなかなか話を聞いてもらえなかったけれど、今だったら10軒は話を聞いてくれる自信がある。ちゃんと進歩しているから頑張ろう」と自分を励ましていました。成長の実感があればモチベーションは保てるものなのです。

部下に「自分は少しずつ前進している。昨日より成長している」という実感を与えるのもリーダーの重要な仕事です。私が現役時代に特に気を配っていたのは、部下の出した結

果ではなく、努力や頑張りを正しく評価してほめることでした。

営業は数字＝結果で評価されます。だからこそ、結果に結びつかなかった部下の努力は見逃さないようにしていました。また、持って生まれた能力が各々異なる部下たちを前に、できる人の売り上げや才能だけをほめることは避けていました。売り上げや才能をほめても、ほめられたほうは慢心し、ほめられなかったほうはしらけてしまうので、部署全体のモチベーションが著しく低下するからです。

管理職向けの講演で、このことを私は１００メートル走を例にとって解説することにしています。

13秒台で走る部下が多い部署で、11秒で走る能力のある者が12秒のタイムを出したら、たとえそれが部署内ベストの記録でも、絶対に評価しません。むしろ力の出し惜しみを指摘します。

誰よりも遅い14秒台で走る部下が13秒台で走れば大いにほめ、彼の努力をたたえることを忘れません。

昨今の成果主義ではともすると12秒を出したベストランナーをほめ、13秒台を出した人には「もっと速く走れないのか」と活を入れるようなケースもあるでしょう。

しかし、それでは部下たちのモチベーションは上がらず、組織が崩壊する危険さえあるのです。

特に達成にかなりの努力と工夫を要する目標を与えられた場合、心身に変調をきたしたり、会社を辞めるケースも出てきます。ですから、個人個人の目標設定を的確に行うのもリーダーの任務です。

13秒で走る力があるのなら、12・8秒を目標にするといった、「手が届きそうな目標」を設定すれば、モチベーションを落とさず努力することができます。

売り上げという結果は数字で出てきますから、評価することは簡単です。しかし、仕事に対しての熱意には「頑張り」という指標しかありません。その「頑張り」をきちんと評価するためには、一人一人に関心を持っていなければできません。

部下たちを注意深く見守っているかどうかが、いいリーダーとなれるかどうかの分かれ道になるのです。

後輩の指導は手を抜かない。自己のスキルアップのチャンス

野村證券の人材育成で、私が一番素晴らしいと感じている制度は「インストラクター制度」です。新入社員が入ると1～2年上の先輩が指導につくのです。新入社員にとっては、近い年代の先輩ならば小さな疑問も質問しやすく、初心者の陥りやすい間違いや考え違いを理解した上で是正してくれます。

また、先輩が一緒のほうがうまくいきそうなシーンでは「先輩、頼みますよ」と頼ることができます。これは後々上司や組織をうまく使うセンスが磨かれますので、かなり有効なのです。

しかし、この制度の利点はそれだけではありません。

インストラクター制度は新人のスキルアップだけでなく、指導する先輩のスキルをも飛

躍的に向上させるシステムだからです。

営業先に2人が連れ立って行った時、しどろもどろでは先輩の立場がありません。資料作成からトークの予習まで準備万端で臨まなければ後輩に馬鹿にされてしまいます。

また、新人が犯しがちな失敗を先回りして指摘することが基本の復習となり、仕事の基礎を盤石にします。後輩の指導は手がかかりますが、自分のためにもなることは間違いないのです。

入社当時のインストラクター制度の縁は、お互いの部署や勤務地が離れてもその後も長く続きます。滅多に会う機会がなくても、気軽に電話できるような関係が続くのです。

すると社内営業がスムーズにできる下地となります。若い3人が何か新しいプロジェクトを任されたとしたら、3人の親しい先輩がいて、その先輩たちもインストラクターの先輩たちがいる。何代か先輩をたどっていけば、全社的なネットワークとなるからです。

ノウハウは包み隠さず部下に開示する

保険や金融、不動産の世界では社長より高給を取っている営業マンも見受けられます。多くの営業職では基本給のほかにインセンティブがあるので、売り上げが多ければ多いほど収入も上がります。

歩合が入ることは、営業にとっては仕事へのモチベーションが上がりますからありがたいのですが、問題もあります。

歩合給惜しさに、上司の立場になっても部下に自分のノウハウを教えなかったり、上客を独り占めにする人が少なからず存在するからです。

また、部下のお客様を横取りして自分の成績にしてしまう上司すらいると聞きます。歩合給ならばこれでは手柄だけではなく金銭を横取りするのと同じことですから、部下のヤル気が落ちるのはおろか、恨みまで買ってしまう行為です。

問題は部下のモチベーションの低下だけではありません。部下を指導する立場になっても自分の顧客を手放さず仕事のノウハウを教えないと、自分が統べる部署の業績は上がりません。当然、職務怠慢です。

営業という職種に限らず、部下に指導したがらない上司はいます。また、部下の欠点をあげつらい、いばり散らす上司もいまだに少なくありません。それらは「少しでも部下より優位に立ちたい」という感情の表れなのです。

リーダーの立場になっても自己の利益ばかりを優先することは、すべからく職務怠慢だと考えるべきです。

だからと言って、自分の売り上げを部下の成績にするような上司も問題です。

空腹のライオンに肉を与えても、その場限りの解決にしかなりません。空腹のライオンに狩りの仕方を教えてこその上司なのです。

狩りの仕方を教えれば、ライオンは勝手にえさを探し回ります。

ある意味では部下もライオンと同じです。

きちんと仕事を教えて、大いに成果を上げてくれればいいのです。

部下一人一人が倍の成績を上げれば、部署の成績は2倍になります。しかし、仕事のコツや有力な顧客を独り占めにして自分が倍の成績を上げても、部署全体の成績は少ししか上がらないのです。

ですから、「狩りの仕方」を教えることこそが、リーダー自身の利益になることを忘れてはなりません。リーダーである以上、自分の部署の成績を最大限にすることが一番の責務です。リーダーの評価は、その一点で決まるといっても過言ではありません。

「悪い情報」をいち早く伝える組織はトラブルに強い

あなたは自分が統率する部署に何を求めますか。

規律、成果、忠誠、勤勉等々、人によっていろいろでしょう。

私の場合は「風通し」です。部下が悪い話でも報告できるムードや、わからないことがあれば気軽に「なぜですか？」と質問できる雰囲気を重要視します。部下から悪い情報がストレートに上がってこないことは、大きな問題です。

お客様からのクレームを部下が隠していたら、まず、そのお客様への適切な対応が遅れます。もし商品に問題があってのクレームなら、同じ商品を買ってくれた別のお客様にまで迷惑をかけてしまう可能性もあります。

少しの報告の遅れでも、被害が拡大し、その結果、対応するために多くの労力を費やすことになりかねません。

部下本人のミスも同様です。たとえ言い出しにくくても素直にミスしたことを告げてくれれば、素早く対処をして部署や部下本人の被害を最小限に抑えることができます。しかし、ミスした部下が口をつぐんでいたら、対処のしようもありません。

営業というセクションは、このような悪い情報を報告しないことによるトラブルを引き起こしやすい土壌があります。体育会系組織のように、根性論を前面に出そうとしすぎるのは問題です。

営業は根性や努力がある人が結果を出しやすい部署であるためか、リーダーも部下の尻を叩くような発言に終始しがちです。

「黙って言われたことをやれ！」「何度も説明させるな！」といった言葉で、部下に有無も言わせず仕事をさせようとします。しかし、そのような叱咤型のリーダーに、悪い情報を聞かせる勇気はなかなか出ないものです。「言い出せない雰囲気」があると、組織内の風通しが悪くなって小さなトラブルやミスを大きな問題に発展させてしまいがちです。

このような雰囲気を払拭させるために、リーダーはまず部下のトラブルやミスに対して「怒鳴って終わり」にしないことを自分に課さなければなりません。なぜそのようなトラブルやミスが起こったか部下とともに原因を究明し、部下に納得させる作業を行う必要があります。トラブルやミスの原因がどこにあるかを判明させて、叱るべきことは叱るべきです。しかし、頭ごなしに叱りつけるのは禁物です。原因をきちんと検証しなければ同じミスを部下は繰り返します。部下のモチベーションも下がるだけです。

部下の小さな疑問も、億劫がらずにすぐ解決するべきです。質問した時、答えがなければ、だんだん部下は質問を控えるようになってしまいます。

部下の疑問に答えることは、質問した側にしてみれば学びの機会です。部署の総合力を底上げするいいチャンスであると心得ましょう。

このように風通しをよくする努力がリーダーと部下との信頼関係を生み、悪い情報でも、すぐに報告できる環境をつくります。

おわりに

ここまで読み進んできた皆様の中には、「やはり営業なんて私には無理かもしれない」「とても真似できない」と途方にくれてしまった方々もいるでしょう。いや、むしろ、そのような感想を持つ人がほとんどかもしれません。

でも安心してください。

私だって新入社員になりたての頃に、この本を読まされたとしたら、同じ感想を抱いたに違いありません。

「営業という仕事を絶対にものにしてやるんだ！」という強い気持ちは必要ですが、ここまで私が明かした営業のやり方を、明日から一日でやり切ろうとしても、必ず消化不良を起こしてしまうでしょう。

高い山に登る時、最短距離は決して最良のルートではない——私が長い営業経験から導き出した人生の法則です。

目の前にあるのが丘なら、まっすぐ登ってしまうほうが楽だし、時間の節約にもなります。しかし高くそびえる山や険しい岩壁を最短距離で登ろうとすればエネルギーを使うどころか、命の危険にさえさらされるでしょう。

こんな時は無理をせず、「巻き道」でゆっくりと登っていけばいいのです。山腹をゆっくりとらせん状に回りながら登れば勾配も緩和されます。

ここまで紹介した私の営業術の中で、低い丘——つまり簡単にできそうなことは、明日からさっそく実践すればいいし、「これは自分にはなかなかできそうもないな」ということはゆっくりと実現していけばいいのです。

ただし、漫然と歩いているだけでは、登っているのか下っているのか、わからなくなります。課題をいくつかのステップに分けて、いつでも、自分が高みに近づいているのかどうかを自己チェックしてみるといいでしょう。

それでも人生にはなかなか越えがたい「難所」が必ずつきまといます。

不運に連続して見舞われたり、いわれもない妨害に出合ったりすることもあるでしょう。そんな時は、真剣に対処法を考えてください。

「真剣だと知恵が出る。中途半端だと愚痴が出る。いい加減だと言い訳が出る」

これは自分の真剣度のチェック法です。自分の口から愚痴や言い訳が出てくるうちは、まだまだ真剣に考えているとは言えません。知恵が出てくるまで考え抜いてください。考え抜けば必ず最適解が見つかるものです。

他人と自分の過去は変えられません。しかし自分の未来は自らの手で変えることができます。一歩一歩、真剣に登り続ければ、必ず想像もつかない高みに上がることができるはずです。

２０１８年７月

津田　晃

著者略歴

津田 晃（つだ・あきら）

1944年生まれ。早稲田大学商学部を卒業後、野村證券に入社。東京の町田支店に配属され、福岡支店、名古屋駅前支店と一貫して個人営業畑を歩んだ後、人事部を経験。1986年、第一事業法人部長に就いたその翌年、当時43歳という異例の若さで取締役大阪支店長に抜擢。この人事は、当時マスコミでも話題となり、新聞各紙をはじめ数々の雑誌にも取り上げられた。当時の社長からは、コツコツタイプの「営業の鑑」と評され、1996年、代表取締役専務・事業法人担当を歴任。

1997年以降は、野村證券事業法人業務のキャリアを生かして、ベンチャー企業の成長・育成に尽力している。1999年ジャフコ代表取締役副社長に就任。2002年野村インベスター・リレーションズ取締役会長を経て、2005年に日本ベンチャーキャピタル代表取締役社長、日立キャピタル取締役に就任。現在、西島製作所、宝印刷、光通信グループ、アクアバンク、ケアギバー・ジャパン、フェドラ、MRI、ワン・ワールド、エグゼクティブ・パートナーズなど多くの企業の社外取締役や監査役、顧問を務めている。

野村證券の新人の時代から今に至るまで50年以上も、独自の「備忘ノート」に、仕事で気づいたそのノウハウ、売る力の秘密、生きる術などを即、メモしている。

著書に『「売る力」ノート』『営業マンの君に勇気を与える80の言葉』（ともに、かんき出版）があり、講演依頼も後を絶たない。

元野村證券トップセールスが教える

伝説の営業術

2018年9月2日　第1刷発行

著　者　津田 晃

発行者　長坂嘉昭

発行所　株式会社プレジデント社
〒102-8641　東京都千代田区平河町2-16-1
http://www.president.co.jp/
電話:編集(03)3237-3732
　　販売(03)3237-3731

構　成　宇野アキラ

装幀・造本　仲光寛城

編　集　岡本秀一

制　作　関 結香

販　売　桂木栄一、高橋 徹、川井田美景、森田 巌、
遠藤真知子、末吉秀樹

印刷・製本　凸版印刷株式会社

ISBN 978-4-8334-2288-8
Printed in Japan